Potsdam · Havelland

Mit Kanälen, Zuflüssen, Altarmen gehört die Havel, die im Süden von Mecklenburg entspringt, zu einem Wasserstraßennetz, das das ganze nördliche und nordwestliche Brandenburg umfaßt, bevor sie, in Sachsen-Anhalt, in die Elbe mündet. Wer Brandenburg ein nur sprödes Land nennt, kennt seine Havel nicht, die störrische, unentschlossene, dann wieder kapriziöse, die durch Moorgebiete fließt, sich zu Seen aufplustert, sie in Ketten aneinanderreiht, mit Schlössern kokettiert und dann kilometerlang träge eine Schilflandschaft nach der andern durchstreift. Bis sie es sich wieder überlegt, hier ein Flüßchen mitnimmt und dort einer Reiherkolonie Wasser spendiert, einem Badesee einen hübschen feinsandigen Strand zaubert und dann um die Ecke verschwindet, wo das Spiel von neuem beginnt.

Sie ist nicht so atemlos, wie das klingt, aber wenn man ihre 343 Kilometer im Zeitraffer verfolgt, mag das so aussehen. Fontane hat die Havel ein Unikum genannt, das wie eine Kinderschaukel von Norden nach Süden nach Westen nach Norden fließt, an deren Ufern, so man sie nicht zu eng bemißt, sich eine uralte, einzigartige Kulturlandschaft ausbreitet.
Manche Kultur war vergeblich. In einigen Sümpfen – hier Luch genannt mit langem ›u‹ –, die Könige trockenlegen lassen wollten, stöbern auch heute Störche ungestört nach Fröschen. In den Heimatmuseen der kleinen Städte erfährt man vom Bierbrauen und Glasblasen, Tuchmachen und Ziegelbrennen. Große Industriestädte wie Brandenburg haben sich der Havel als Transportweg bedient, und ohne ihr Wasser wäre in Potsdam kein preußisches Arkadien aus märkischem Sand gewachsen.

Potsdams Park Sanssouci, als Ensemble von Schlössern und Gärten im Laufe von fast zwei Jahrhunderten entstanden, ist jedes Jahr für Millionen Besucher aus aller Welt die größte Attraktion des Landes. Die unvergleichliche Kulturlandschaft, 1990 in die Liste des Natur- und Kulturerbes der Unesco aufgenommen, wächst derweil für eine Bundesgartenschau noch nach Norden. Die Stadt selbst erwacht nur langsam aus jahrzehntelangem Dornröschenschlaf.

Wenn man von Sanssouci, Schloß Rheinsberg und dem Kloster Chorin absieht, erlebt man im Havelland das selten gewordene Gefühl eines ganz individuellen Urlaubs. Trifft man, vor allem an Wochenenden, auf größere Menschenmengen, sind es meist Einheimische.
Oder die immer neugierigen Berliner. Wie manch brandenburgischer Politiker sehen sie ganze Landstriche schon als künftigen ›Stadtpark‹ ihrer Metropole. Denn seit der Wende entvölkert sich die menschenarme Region mit nur wenig Industrie und ohne intensive Landwirtschaft noch mehr. Um so attraktiver ist die weitgehend intakte Landschaft mit ihren zahlreichen sauberen Seen für den Freizeitgebrauch. Ihren Reizen verfielen die Autorin Gisela Buddée und der Fotograf Jörg Axel Fischer.

Ein ›Dampfer‹ hat festgemacht am Anleger des Lokals ›Boltenmühle‹ am Tornowsee in der Ruppiner Schweiz.

Titel: Schloß Sanssouci in Potsdam.

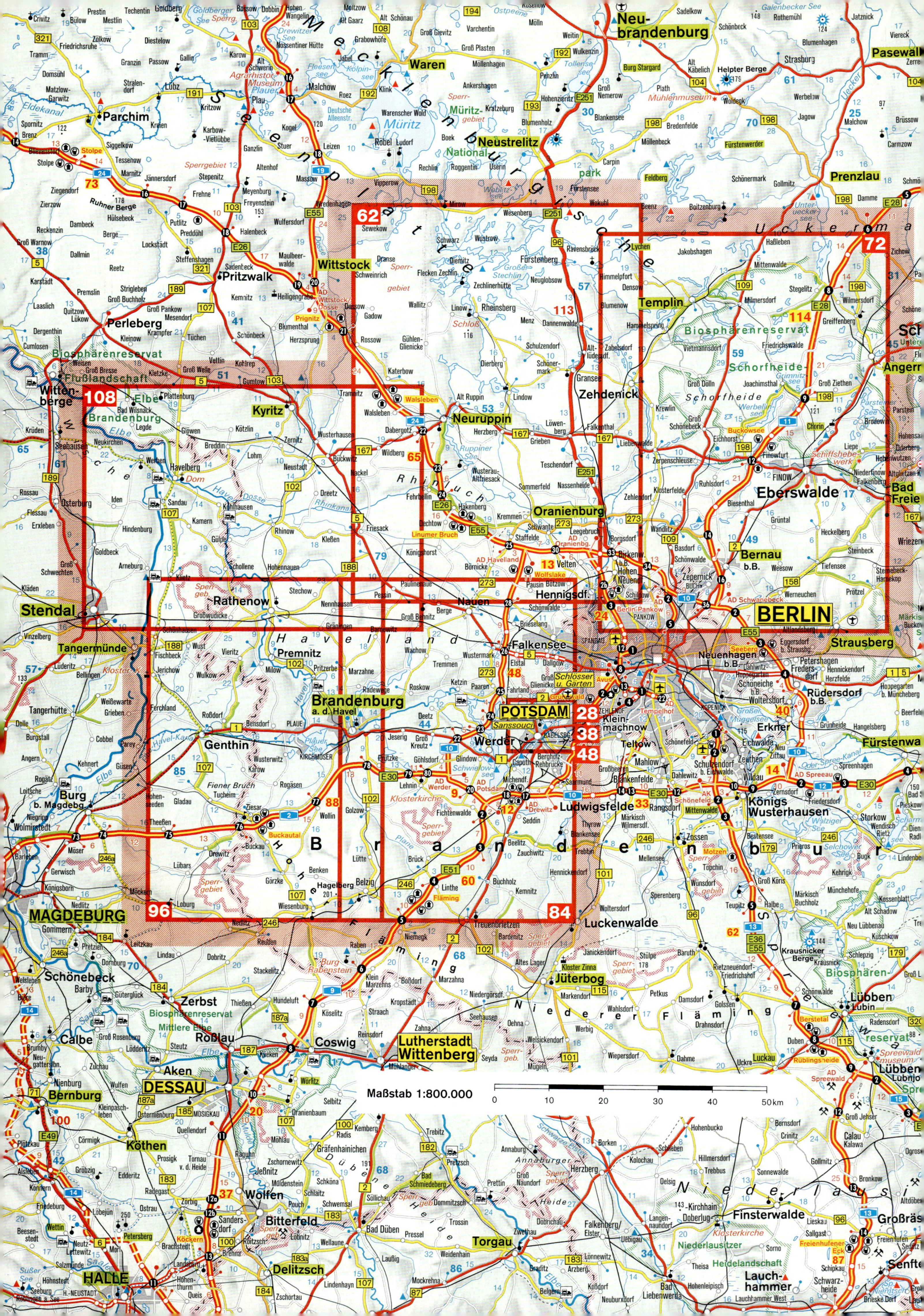

Neubrandenburg
Pasewalk
Waren
Parchim
Neustrelitz
Müritz Nationalpark
Prenzlau
Wittstock
Pritzwalk
Perleberg
Templin
Biosphärenreservat Schorfheide-Chorin
Wittenberge
Kyritz
Neuruppin
Zehdenick
Oranienburg
Eberswalde
Bernau b.B.
BERLIN
Stendal
Rathenow
Nauen
Hennigsdorf
Falkensee
Strausberg
Tangermünde
Premnitz
Brandenburg a. d. Havel
POTSDAM
Sanssouci
Werder
Kleinmachnow
Teltow
Genthin
Burg b. Magdebg.
Ludwigsfelde
Königs Wusterhausen
Erkner
Fürstenwalde
Rüdersdorf
MAGDEBURG
Luckenwalde
Jüterbog
Schönebeck
Zerbst
Calbe
Roßlau
Coswig
Lutherstadt Wittenberg
Lübben
Lübbenau
DESSAU
Bernburg
Köthen
Wolfen
Bitterfeld
Bad Düben
Torgau
Delitzsch
Finsterwalde
Lauchhammer
HALLE
Senftenberg
Havelland
Fläming
Niederer Fläming
Niederlausitz
Brandenburg
Maßstab 1:800.000
0 10 20 30 40 50 km
108
62
72
96
84
28
38
48

Inhalt

St. Katharinen aus dem 15. Jahrhundert ist die jüngste der drei großen Hallenkirchen in der Stadt Brandenburg. Vom ursprünglich romanischen Bauwerk sieht man noch Feldsteine in der Turmanlage.

Eine Landschaft voller Schlösser

Ein teures Erbe begleitet den Havellauf: Schlösser und Herrenhäuser aus verschiedenen Jahrhunderten. Einst prächtige, wie Oranienburg und Caputh, gewinnen allmählich neuen Glanz. Andere sind bescheiden, kaum als solche zu erkennen, wie Paretz, erbaut ›für einen armen Gutsherrn‹, wie Friedrich Wilhelm III. seinem Baumeister Gilly befahl. Magneten sind solche, um die sich wunderbare Geschichten ranken, wie Rheinsberg, oder solche, die das Land verzaubern, wie Sanssouci.

Schloß Rheinsberg, ehemals Wohnsitz des preußischen Kronprinzen, ist heute Museum.

Das unendliche Blütenmeer

Den Havelwellen Konkurrenz macht Werder vor den Toren Potsdams, wenn es sich und sein Umland im Frühling innerhalb weniger Tage in ein Blütenmeer verwandelt. Das Weiß der Kirschblüten wird von zartrosa Apfelblüten abgelöst, und mit etwas Glück entdeckt man das Rosa der Pfirsichblüten. Acht, zehn, manchmal 14 Tage währt die Pracht Ende April. Zu Tausenden kommen dann die Besucher, vor allem aus Berlin, um Pfirsich-, Kirsch- und Apfelwein zu probieren, den die Einheimischen ›Bretterknaller‹ nennen.

Auf langen Bänken sitzen die Besucher unter den Bäumen zur Obstblüte in und um Werder.

›Verwandlungskünstler‹: Havel

Die Havel bleibt in ihrem Verlauf nicht einfach ein Fluß mit überschaubaren oder gar greifbaren Ufern. Sie verwandelt märkischen Sand in scheinbar unendliche Seengebiete und verwirrt den Fremden, der eine Haveltour plant und eine Zehn-Seen-Fahrt unternimmt. Dem Unkundigen scheint die Fahrt zu so manchem Ort weit und mühsam. Vielleicht aber gibt es eine Fähre? Fragen lohnt. Oder man glaubt sich nach Kilometern immer noch an demselben See, doch der hat unterdessen den Namen gewechselt und ist eigentlich die Havel.

Auch der Schwielowsee vor den Toren Potsdams – zwischen Caputh, Petzow und Ferch – ist eine Havelbucht.

Viele Feste sind zu feiern

Was feiert man an der Havel? Neptunfeste für die Kinder im Sommer, mittelalterliche Spektakel auf den Burgen im Hohen Fläming, Fischerfeste – und wo an der Havel gibt es keine Fische? –, Altstadtfeste oder einfach Stadtfeste. Einige der traditionellen Ereignisse, wie der Pferdemarkt in Havelberg oder die Hengstparade in Neustadt, haben die Zeiten überdauert, andere, wie das Hussitenfest in Bernau, wurden ganz neu inszeniert.

Flötentöne und Dudelsackklänge rufen die Havelberger zum historischen Marktfest.

Musik liegt in der Sommerluft

Ein Havelsommer ohne Musik ist kein Sommer. Gemeint sind nicht die Schlager von den Volksfesten, das Klingeln der Karussells oder die fröhlich-falschen Volkslieder, die von den Fahrgastschiffen ans abendliche Ufer wehen, sondern die meist klassischen Töne, welche die Klosterruine Chorin, die Schlösser und Gärten erfüllen oder bei heiterer Landpartie aus Scheunen und Gutshäusern über die Seen schweben. Nicht zu vergessen die vielen Dorfkirchen mit oft wunderbarer Akustik.

Im Konzertzimmer von Sanssouci: Hammerflügel aus der Silbermann-Werkstatt und das Notenpult Friedrichs des Großen.

Zeichen der Bürgermacht

Die Vielzahl der Schlösser, Klöster, markanten Kirchen, Dörfer und kleinen Ackerbürgerstädte täuscht leicht darüber hinweg, daß am Havellauf neben höfischer, sakraler und bäuerlicher Architektur auch manch eindrucksvolles Denkmal von Bürgermacht zeugt. Wie Burgen stehen die Rathäuser von Kyritz oder Nauen im Ort. Und das Altstädter Rathaus von Brandenburg nimmt es in seiner sakralen Wirkung mit den Kirchen der Stadt auf.

Unter den Backsteinbauten des Landes ist Brandenburgs Altstädter Rathaus mit dem Blendmaßwerk in seinen Spitzbogenfeldern besonders schmuck.

Potsdam · Havelland:

Willkommen im Havelland

Ganz unentschlossen noch windet sich die Havel als kleines Flüßchen durch ihr Quellgebiet im mecklenburgischen Diekenbruch südwestlich von Ankershagen am Rand des Müritz-Nationalparks. Aus dem Dambecker See wenig südlich entfernt sich schon ein schmaler Fluß, schlängelt sich im Zickzack durch die Neustrelitzer Seenplatte und erreicht am Ellbogen- und Zernsee westlich von Fürstenberg das Land Brandenburg. Als stattlicher Fluß durchzieht die Havel den Westen der Uckermark, erreicht Oranienburg, Berlin und Potsdam, wo an ihrem Ufer Preußens Arkadien erblühte.
Als zauberhafte Seenlandschaft setzt die Havel ihren Weg über Werder gen Westen fort bis zur Stadt Brandenburg. Danach wendet sie sich gen Norden, durchfließt Rathenow und verläßt kurz hinter dem Gülper See wieder das Land Brandenburg. Havelberg liegt schon in Sachsen-Anhalt, an dessen Grenze zu Niedersachsen die Havel bei Gnevsdorf in die Elbe mündet.

Durch Urstromtäler

Daß die Havel hier See, dort Fluß, dann Seenkette ist, hat sie den Eiszeiten zu verdanken, die das Land formten. Südlich der nördlichen Landrücken, in die die Mecklenburger Seen eingebettet sind, verlaufen die eiszeitlichen Schmelzwasserrinnen, die Urstromtäler, zwischen denen

Das Mecklenburger Seenland setzt sich in Brandenburg fort – in den Havelseen und vielen anderen zauberhaften Wasserflächen.

große und kleinere Moränenplatten liegen wie der bis 150 Meter über dem Meeresspiegel liegende Barnim im Nordosten Berlins. Der schneidet das Eberswalder Urstromtal, das wie die weiter südlich liegenden Berliner und Baruther Urstromtäler von Südsüdosten nach Westnordwesten verläuft, bis sich alle drei im Elbe-Urstromtal vereinen. Dort, wo sich die Urstromtäler treffen, werden die Platten kleiner wie Zauche oder, noch kleiner, das Rhinower oder Friesacker Ländchen.
In diesem Gewirr, das die tauenden Gletscher hinterließen, mal flach, dann wieder hügelig, muß die Havel sich ihren Weg suchen, kann sich an den sandigen Platten von End- und Seitenmoränen vorbeiwinden, sich in den tiefen Tälern ausbuchten. Manchmal beträgt das Gefälle nur noch zwölf Zentimeter auf einen Kilometer, und dann fließt sie ziemlich langsam. Platten, die den Urstromtälern entgegenstehen, zwingen sie, uns ein ›U‹ vorzumachen, denn das letzte Stück ihres Weges läßt sie sich vom Elbe-Urstromtal davontragen.

Natur und Naturromantik

Die großen Sumpfflächen, mal Bruch, mal Luch, sind in den vergangenen 300 Jahren großteils mit Gräben und Deichen in Felder und Weiden verwandelt worden. Endlose Straßen, von Kiefern gesäumt, gelegentlich von Buchen beschirmt, hier und da an Kastanienreihen, aus denen vorwitzig genügsame Birkenwäldchen leuchten, prägen weite Teile einer oft menschenleeren Landschaft. Melancholisch im Sommer bis öde im Winter wirkt sie lange Strecken auf Durchreisende. Man braucht Muße, die Spuren vielfältigen, meist tierischen Lebens wahrzunehmen.
Dasselbe Bild bietet sich Wasserwanderern. Nur wo sich die Havel zu Seen mit zugänglichen Ufern weitet, wird es lebendiger, spielen Kinder und schwimmen Sommergäste, stehen Zelte, drehen sich immer noch Betonmischer für ein neues Gasthaus, eine Kurklinik, eine neue Villensiedlung für landsüchtige Berliner, die vielleicht ›Kuschelhain‹ heißt, wo kaum einer weiß, daß Kuscheln kleine Kiefern sind. Auch märkisches Platt spricht keiner mehr, hier wird berlinert, mehr als in der Hauptstadt, falls das möglich ist.
Obwohl Einwanderungsland über Jahrhunderte, weil die Fürsten alle riefen, das Land zu kolonisieren, ob Holländer, Salzburger, Franzosen oder Böhmen, wird dem märkischen Völkergemisch im Havelland Genügsamkeit, Sparsamkeit bis zur Knauserigkeit, auch Langsamkeit und Mißtrauen zugeschrieben. Wenn das richtig ist, wird das wohl eher den kargen Lebensbedingungen der Kolonisten und der jahrhundertelangen Erziehung zu preußischen Tugenden zuzuschreiben sein.

Blick in die Kulturgeschichte

Ob die Havel ihren Namen Germanen zu verdanken hat, die schon vor unserer Zeitrechnung bis zum 6. Jahrhundert im Havelland siedelten, oder erst den slawischen

Ein Kleinod märkischer Backsteinarchitektur ist Kloster Lehnin, sein schmuckvollster Nebenbau das Königshaus (14./15. Jh.).

Hevellern von Ostsee und Elbe, ist nicht bekannt. Die erste Erwähnung des Flusses Habola stammt aus dem Jahr 789 während des Wendenkreuzzugs Karls des Großen.
Über tausendjährige Städte mit mächtigen Domen wie Brandenburg und Havelberg liegen am Flußufer. Kleinode märkischer Backsteinarchitektur, wie Kloster Lehnin, verdanken ihren Erhalt langer Nutzung. Wo historische Bauten wie Schloß Rheinsberg Ein- und Ausbauten erhielten, wird nun mit viel Geld der ursprüngliche Zustand wiederhergestellt – zum musealen Gebrauch.
Nicht minder reizvoll ist die Fülle dörflicher Kirchen, aus Feldsteinen, von den Sänden gesammelt, diese urbar zu machen. Meist sind sie verschlossen, und man muß im Pfarrhaus nach dem Schlüssel fragen, falls man eines findet. Die gut erhaltenen werden heute wie in Ferch für Musik- und Theaterveranstaltungen gebraucht. Wo die Gemeinde sich nicht zur Zweckentfremdung entschließen kann wie in Ribbeck, dreht man bei Veranstaltungen, die nicht dem Gottesdienst dienen, die Stühle um.
In manchen Dorfkirchen haben Holzwurm und Schwamm den Kampf gegen jahrzehntelange Vernachlässigung längst gewonnen. Ohne Umnutzung ist Abriß kaum zu vermeiden. Gutshäuser findet man gelegentlich als vergessene Barockhüllen wie in Nennhausen, öfter aber als verschlissene Heime und Lagerräume. Oft erobert aber auch die Natur sich die Zeugnisse ganzer Zeiträume zurück, so wie im Park von Wustrau.

Land, Leute, Geschichte

Am schwersten, ihre alte oder neue Identität (wieder-) zu finden, haben es die Städte. Besonders dort, wo nach Kriegsschäden kein Geld für den Wiederaufbau vorhanden war oder wo Ideologie, wie in Potsdam, zur Beseitigung preußischer ›Militaristenspuren‹ führte und die Reste historischer Substanz für den neuen Fortschritt durch Plattenbauten ersetzt wurden

Glanzvolle Bauten vereint Park Sanssouci in Potsdam. Mythologische Wandreliefs zieren die Ovidgalerie der Neuen Kammern (1747).

– schon weil schnell und billig Wohnraum geschaffen werden mußte. Mit Millionenaufwand sind die Reste des intakten historischen Kerns von Brandenburg, der einst schönsten märkischen Stadt, gesichert worden. Ihn wiederherzustellen, wird allerdings Jahrzehnte brauchen.

Preußische ›Kronjuwelen‹

Die preußischen ›Kronjuwelen‹ an Potsdams Havelufer um Friedrichs des Großen Sanssouci haben die Zeit als Touristenattraktion standesgemäß überdauert. Das Landleben hatte Friedrich II. schon früh kennen und lieben gelernt. In seiner Jugend hatte ihn sein Vater, der strenge Soldatenkönig Friedrich Wilhelm I., nach Rheinsberg geschickt. Schon als Kronprinz machte er den vergessenen Sitz im Norden Brandenburgs zum Musenhof. Im Kreis von Malern, Schriftstellern, Komponisten, Architekten arrangierte er galante Feste und mischte sich bei den Flötenkonzerten auf der Wiese selbst unter die Musikanten.
1740 starb der Vater. Friedrich, erst 28 Jahre alt, wurde König und mußte sein geliebtes Rheinsberg verlassen. Doch das Berliner Stadtschloß mied er, wann immer er konnte. Er liebte die Idylle. Im kleinen Potsdam ließ er sich von seinem Freund Baron Wenzeslaus von Knobelsdorff nach vielen eigenen Ideen ein Weinberg-Schlößchen bauen. Sanssouci war mehr als ein Refugium. Friedrich, obwohl kriegführender Machtpolitiker, blieb philosophierender Schöngeist und machte es zu einer Stätte der Aufklärung, an der französisch gesprochen wurde, Voltaire sich lange aufhielt und er dem Flötenspiel sowie anderen Künsten nachging. Friedrichs Tafelrunden und abendlichen Flötenkonzerte sind bis heute ein Begriff. Hier starb er auch 1786. 1991 kehrte Friedrich nach Sanssouci zurück in die schon zu Lebzeiten erbaute Gruft.
Neben Friedrichs Sanssouci ist der Neue Garten Friedrich Wilhelms II. fast unbekannt. Hier war das Havelufer DDR-Grenze und für Jahrzehnte Niemandsland. Auch heute wird der Park wenig besucht. Aber kaum irgendwo ist der Blick in die Vergangenheit faszinierender als hier, wo Handwerker Raum für Raum des über 200jährigen Marmorpalais in die Gegenwart holen.

Meilensteine der Politik

Am 30. Januar 1933 wurde Adolf Hitler vom Reichspräsidenten Hindenburg zum Reichskanzler ernannt. Am 21. März 1933 wurde der folgenschwere ›Schulterschluß‹ zwischen dem ›alten‹ und ›neuen‹ Deutschland in Potsdams Garnisonkirche in einem Festakt besiegelt (Tag von Potsdam). Und wieder in Potsdam verhandelten Truman, Churchill (später Attlee) und Stalin nach dem Zweiten Weltkrieg vom 17. Juli bis zum 2. August 1945 im Schloß Cecilienhof über die deutsche Nachkriegsordnung (Potsdamer Abkommen).

Ein Denkmal erinnert in Neuruppin an Karl Friedrich Schinkel (1781–1841), Preußens berühmten Architekten und Sohn der Stadt.

Zum Erbe im Havelland gehört auch viel intakte Natur, darunter das Biosphärenreservat an der Elbe um das Storchendorf Rühstädt.

Auf der Glienicker Brücke, die Berlin und Potsdam verbindet und 28 Jahre als die längste Brücke der Welt galt, weil sie zwar Brücke der Einheit hieß und doch zwei Welten trennte, wurden während des Kalten Krieges Agenten ausgetauscht. Ihre Eisenkonstruktion ist Kulisse von Spionagefilmen. Am 9. November 1989 gingen die Schlagbäume hoch. Im November 1998 fand in Potsdam zum ersten Mal ein deutsch-französisches Gipfeltreffen statt.

Fontane und Schinkel

Während Potsdam immer glänzte, war das Havelland nie spektakulär. Erst der Schriftsteller Theodor Fontane (1819–1898) hatte mit seinen ›Wanderungen durch die Mark Brandenburg‹ Interesse für ihre Landschaften geweckt, indem er ihnen die Ereignisse der Vergangenheit beifügte, an Schlachten erinnerte, von für den Normalbürger nicht erlebbaren Geschichten bei Hofe plauderte und sie so mit Imaginationen füllte.
Fontane war ein Sohn Neuruppins, ebenso wie Karl Friedrich Schinkel (1781–1841), Preußens bedeutendster Baumeister des Klassizismus, der sich neben der Antike aber auch mit anderen Epochen und deren Stilen auseinandersetzte. Noch heute beherrscht die von ihm gebaute Nikolaikirche das Potsdamer Stadtbild. Auch Schloß Babelsberg im gleichnamigen Park und Schloß Charlottenhof im Park Sanssouci entstanden nach seinen Plänen, vielleicht auch Schloß Petzow, das heute als Hotel und Gasststätte seine Gäste empfängt. Mit Schinkel erfährt der ›Preußische Stil‹ seinen Höhepunkt und auch sein Ende – einige Jahrzehnte bevor 1918 mit dem Kaiserreich auch das königliche Preußen zu existieren aufhört.

Rahmen an Rahmen hängen die Gemälde in der Bildergalerie von Sanssouci.

Potsdam, Preußens Arkadien am Havelufer

Das ganze ›Eyland‹ wollte der Große Kurfürst schon im 17. Jahrhundert zum Paradies machen und doch ist Potsdam nie eine Insel gewesen. Aber es ist auch mehr als eine Stadt, eher eine Landschaft der Residenzen, in der gezähmte Natur gezielte Blicke auf die preußischen ›Kronjuwelen‹ freigibt. Allen voran der Park Sanssouci, in dem nicht nur Friedrich der Große, der Kunstliebende, in seinem ganz persönlichen Schloß sorgenfreie Zeiten verbrachte.

△ Potsdam: Über sechs Weinbergterrassen erhebt sich Schoß Sanssouci mit dem ovalen Marmorsaal ▽

△ Sanssouci: Sonnen am Gitterpavillon demonstrieren Aufklärung, Statuen Bildung ▽

Sorgenfreier Spaziergang im Park Sanssouci: Fester Bestandteil fürstlicher Gartenanlagen sind seit der Antike die Wasserspiele ▽

Es war im Sommer 1744. Der König war zur Zerstreuung ausgeritten und stand nun auf einem Hügel über Potsdam, dem Wüsten Berg. Vor seinen Augen dehnten sich die Gemüsebeete seines Vaters Friedrich Wilhelm I. aus, der sie ironisch sein ›Marly‹ genannt hatte.

Vom Wüsten- zum Weinberg

Die großen aufwendigen Gartenanlagen von Marly des französischen Königs Ludwig XIV. waren in gebildeten Kreisen wohlbekannt. Friedrich war 32 und schon vier Jahre König, als er beschloß, wie schon sein Vater, Potsdam zur zweiten Residenz zu machen. Noch bevor er am 15. August seine Truppen in den zweiten Schlesischen Krieg führte, hatte er den Umbau des Stadtschlosses in die Wege geleitet. Da mag er in sentimentaler Anwandlung und in Erinnerung an die angenehmen Rheinsberger Jahre einen Entschluß gefaßt haben, den er mit der Kabinettsordre vom 10. August gleich umsetzen ließ: Am Wüsten Berg seien Weinterrassen anzulegen.

Gartenkunst für das Jahr 2001

Damit fing alles an und ist längst noch nicht zu Ende. Besucher des Informationszentrums im Park Sanssouci entnehmen einem Faltblatt zur Bundesgartenschau 2001 – ›Gartenkunst zwischen gestern und morgen‹ – umfangreiche Planungen zwischen innerstädtischem Havelraum und der Feldflur im Potsdamer Norden. Unter anderem soll ›auf die Gartenkunst vergangener Jahrhunderte eine zeitgemäße Antwort‹ gegeben werden. Mancher Stadtbesucher, auf der Suche nach der verlorenen Zeit, fürchtet noch, das als Drohung verstehen zu müssen.
Nicht ausgestanden ist eine jahrelange Auseinandersetzung um den Platz der Kulturlandschaft auf der Unesco-Liste des Weltkulturerbes, seit aufstrebende Geschäftsbauten am Stadtbahnhof brutal alle Sichtachsen in Beton ersticken.

Friedrichs Schloß ›Ohnesorg‹

Friedrich II. beließ es nicht beim Weinberg. Der Krieg verlief nicht günstig. Kaum zurück, wurde das Schloß ›Sanssouci‹ geplant und

△ Park Sanssouci: Reiterstandbild Friedrichs des Großen vor der Orangerie Friedrich Wilhelms IV.

Am Weg liegt die Historische Mühle ▽

△ Elf Kinderpaare zieren die Puttenmauer (1764)

flugs gebaut. Kunsthistoriker haben weder Zeit noch Mühe gescheut, herauszufinden, was den bekanntlich Sturen dazu bewogen haben mag, es so klein, so unpraktisch (für Gäste), so unfranzösisch, also so unzeitgemäß und gewissermaßen unprätentiös (für damalige Verhältnisse) zu bauen. Sie haben nicht verhindert, daß uns bei ›friderizianischem Rokoko‹ das heitere Schlößchen, von weinumkränzten Hermen getragen, einfällt.

Vielleicht verrät ein einziges Bild über der Tür des Konzertzimmers alles: Ein Weinberg mit Schloß über dem Havelufer und vorne Boote, Schafe und ein Grabmal ›Et in Arcadia ego‹. Da ist das preußische Arkadien um Schloß ›Ohnesorg‹ bereits geboren. Es gibt jedoch keine Schafe, sondern Skulpturen, die Natur wird der Zeit gemäß kunstgerecht gezähmt, und die Grabstelle, ganz unauffällig im Zierat höfischen Lebens, früh testamentarisch festgelegt.

△ Das Wandrelief ›Zeus verführt Leda in der Gestalt des Schwans‹ ...

... schmückt die Ovidgalerie der Neuen Kammern ▽

Neues Palais auf Platz zwei

Friedrichs des Großen Sommerschlößchen steht in der Besuchergunst ganz vorn. Vergeblich müht sich die Stiftung Preußische Schlösser und Gärten um Umleitung der Gästeströme zu den späteren Bauten im Park. Nur das protzige Neue Palais, Barock und Rokoko zugleich, mit 400 Plastiken überladen, mit Muscheln und Marmor vollgestopft, nimmt mit gut 100 000 Besuchern jedes Jahr den zweiten Platz in der Statistik ein.

Die haben dann aber auch so viele Putten, Grotten, Meereswesen, gold- und silberbrokatbespannte Wände, bunte Blumen in Lackmalerei, Furnier- und Intarsienkunst gesehen, daß nur noch viel Grün entspannt, und jedes neue Schloß – Lenné sei Dank – als Blickpunkt am Ende eines Wegs genügt. Er selbst nannte diese Sichtachsen ›Gesichtslinien‹.

Blick in den Park Charlottenhof

Im Südteil des Gartens fällt mit Park Charlottenhof Italienisches ins Auge, ganz offensichtlich ein Landhaus. Bäuerlich? Auf den ersten Blick schon. Der zweite verrät das Ensemble von Landhaus, Villa und antikem Tempel, durch Arkaden und Pergolen verbunden und durch

△ Das Neue Palais von Sanssouci

△ Schloß Charlottenhof, ganz unübersehbar von der Antike inspiriert

△ Vergoldete Sandsteinfiguren vor Palmensäulen am Teehaus

Kontrast zu Wohnblocks: das Pumpenhaus in Moschee-Form ▽

△ Das Chinesische Teehaus ist der verspielteste Bau von Sanssouci

Ruheplatz der Studenten ist der Park bei der Universität ▽

Gartenräume voneinander getrennt. Schloß Charlottenhof selbst, Sommersitz des Kronprinzen Friedrich Wilhelm (IV.), war klein – kein Platz für ein Billardzimmer. Das Personal mußte auch untergebracht sein.

So entstanden ab 1829 als Dependance am Teich die Römischen Bäder. Begonnen wurde die Baugruppe mit dem Gärtnerhaus samt Gästezimmern im oberen Stock. Bescheidener fiel das drei Jahre später errichtete Gehilfenhaus gegenüber aus, üppiger die Große Laube, die weinberankte Pergola, die beide verbindet. Ein Tempelchen ist Teepavillon. Sogar einen wirklichen Baderaum hat das Ensemble mit einer Wanne aus grünem Jaspis.

Fortsetzung im Neuen Garten

Potsdams Parklandschaft hat Friedrich II. mit Sanssouci nur begonnen. Sein Neffe, Friedrich Wilhelm II., ließ sich ab 1787 von Karl von Gontard seine Sommerresidenz im Neuen Garten weiter nordöstlich am Heiligen See zu Füßen des Pfingstbergs errichten. Im Zeichen von Aufklärung und neuer Natürlichkeit grasten sogar Kühe am Seeufer. Zu dem klassizistischen Marmorpalais stellte Langhans das Küchengebäude als halb versunkenen Tempel ans Ufer und als architektonisches Pendant auf der anderen Seite eine Pyramide, die nichts als den Eiskeller barg. Ab 1816 schuf der Gartenkünstler Peter Joseph Lenné den heutigen Landschaftspark.

Stilanleihen aus aller Welt

Und mit dem ein Jahr vor dem Ersten Weltkrieg begonnenen Schloß Cecilienhof für Kronprinz Wilhelm entstand im Neuen Garten der letzte Schloßbau in der preußischen Geschichte. Der malerische Fachwerkbau im Stil englischer Landsitze beendete auch die Reihe der Stilanleihen aus aller Welt.

Ob maurische Vorbilder, Antike oder normannische Burgen, Renaissance, Barock oder Rokoko, alles war erlaubt zur Zeit von Preußens Gloria. Selbst das Wasserpumpenhaus für die Fontänen von Sanssouci an der Neustädter Havelbucht wurde als Moschee verkleidet, heute ›exotischer‹ Blickfang zwischen den Plattenbauten aus DDR-Tagen.

POTSDAM
Bundesgartenschau 2001 (geplant)
Bornim (zu Potsdam)
Forst Katharinenholz
Potsdam
Bornstedt
Bornstedter Feld
Reiherstand
Viereckremise
Angermannsremise
Der große Schragen
Stadtteil Jägervorstadt (zu Potsdam)
Eiche (zu Potsdam)
Park Sanssouci
Rehgarten
Lustgarten
Park Charlottenhof
Neues Palais
Schloß Lindstedt
Ruinenberg
Orangerie
Stadtteil Brandenburger Vorstadt (zu Potsdam)
Kiewitt
Templiner Vorstadt
Hermannswerder
Havel
Havelbucht
Wildpark
Werderscher Damm
Zeppelinstraße
Potsdamer Straße
Amundsenstraße
Kaiser-Friedrich-Straße
Geschwister-Scholl-Str.
Breite Straße
Hegelallee
Pappelallee
Bornstedter See
Yachthafen
Küssel
Vorderkappe
Hinterkappe
Tornow
Untere Planitz
Obere Planitz
P.-Charlottenhof
Am Wildpark
1 = Eichenring
2 = Baumhaselring
1 = Kleine Gasse
1 = Stadtheide

Wo gibt es was?

Nadelnummer = Textnummer

Potsdam

Seit 1990 Hauptstadt des Bundeslandes Brandenburg (130 000 Einw.), seit 1991 auch Universitätsstadt mit Hörsälen u.a. in den Communs des Neuen Palais.

Geschichte

933 zum ersten Mal erwähnt, blieb die Bedeutung des Fleckens gering, bis Kurfürst Friedrich Wilhelm 1660 eine 300 Schritt lange Brücke zu den hervorragenden Jagdgebieten jenseits der Havel bauen ließ. Der Große Kurfürst (1640–88), ein politischer Visionär, mit dem die Existenz des preußischen Staates begann, ließ ein Schloß bauen (1662–70, Memhardt) und machte Potsdam zur zweiten Residenz neben Berlin. Mit dem Edikt von Potsdam, der Antwort auf die Aufhebung des Toleranzedikts von Nantes (1598) durch Ludwig XIV., holte er aus Frankreich geflohene Hugenotten in das im Dreißigjährigen Krieg entvölkerte Land. Die folgende wirtschaftliche Entwicklung gab dem ganzen Land Impulse.
Der Soldatenkönig Friedrich Wilhelm I. (1713–1740) wandelte Potsdam zur Garnisonsstadt um und erweiterte sie planmäßig. Manufakturen stellten Gewehre sowie Textilien her. Friedrich II. (1740–1786) baute Stadt und Heer weiter aus: 1774 gab es 139 Militärgebäude. Das Stadtschloß wurde der repräsentativen Residenzstadt angepaßt, Schloß Sanssouci als Sommersitz errichtet, Bürgerhäuser erhielten Barockfassaden. Ende des 18. Jh. verlor Potsdam an Bedeutung zugunsten Berlins. Unter Friedrich Wilhelm III. (1797–1840) wurde es zur Beamtenstadt. Mit Ende der Monarchie 1918 fiel Potsdam samt Schlössern und Gärten an den preußischen Staat. Am 14./15. April 1945 wurden große Teile der historischen Innenstadt zerstört.

Park Sanssouci ①–②

Park Sanssouci (300 ha) ist ein Ensemble aus Gartenanlagen und Schlössern. Im 18. Jh. unter Friedrich II. begonnen, beendete Friedrich Wilhelm IV. es im 19. Jh. Eingänge vom Parkplatz Schloß Sanssouci, am Obelisk/Schopenhauerstraße, durchs Grüne Gitter/Luisenplatz, beim Schloß Charlottenhof/Geschwister-Scholl-Straße, beim Neuen Palais (Park ganzjährig offen, Schlösser Saison 9–17, sonst 9–16 Uhr, Schließtage mo, Neues Palais fr. Schloß Sanssouci ist zu den o.g. Zeiten nur mit Führung und in Gruppen von max. 40 Personen zu besichtigen, was in der Saison lange Wartezeiten oder am selben Tag eventuell gar keinen Eintritt zur Folge haben kann). Das **Dampfmaschinenhaus** ① für das Pumpwerk der Fontänen von Sanssouci an der Neustädter Havelbucht baute Persius als Moschee (1842; Mitte Mai–Mitte Okt. sa/so 10–17 Uhr).
Er schuf auch die **Friedenskirche** ② (1845–54) zwischen Grünem Gitter und Marlygarten und gestaltete sie als Säulenbasilika mit Campanile, Kreuzgang und Säulenhof. Im Mausoleum steht seit 1991 der Sarkophag Friedrich Wilhelms I.

Schloß Sanssouci ③

Schloß Sanssouci (1745–47) an der Hauptallee erbaute Knobelsdorff nach Skizzen Friedrichs II. Der eingeschossige Rokokobau mit elliptischer Kuppel in der Mitte der Gartenfront birgt zwölf kunstvoll ausgestattete Räume. Der Damenflügel mit höfischen Wohnräumen wurde unter Friedrich Wilhelm IV. nach Plänen von Persius ergänzt. An der Ostseite der obersten Weinbergterrasse liegt die Gruft Friedrichs des Großen, der sie schon 1744 anlegen ließ. 1991 wurde er dort bestattet.
Die **Bildergalerie** (1755–63, Johann Gottfried Büring) nebenan zählt zu den ältesten Kunstmuseen Europas. Nach barocken Prinzipien dicht gehängt, sind hier vor allem Historienbilder aus Renaissance und Barock zu sehen. Die **Neuen Kammern**, 1747 von Knobelsdorff als Pendant auf der anderen Seite als Orangerie errichtet, wurden 1771–74 von Georg Christian Unger zum Gästeschloß mit sieben Zimmern und vier schönen Rokoko-Sälen umgebaut.

Neue Orangerie ④

Die im Krieg zerstörte **Historische Windmühle** (Neubau um 1790 anstelle der 1739 errichteten ›historischen‹ Bockmühle) zwischen Schloß und Orangerie ist wiederaufgebaut. Mahlwerk und ›Geschichte‹ sind zu besichtigen. Die 300 m lange, symmetrische Anlage der **Neuen Orangerie** (1851–61, Persius, Stüler, Hesse), einst Gästewohnung für Zar Nikolaus und seine Frau, Schwester Friedrich Wilhelms IV., entstand in Anlehnung an Italiens Renaissance-Villen. Die Räume zeigen die Stilvielfalt des beginnenden Historismus. Der Raffaelsaal hängt voller Gemäldekopien des Meisters. Unterhalb liegen das Botanische Institut samt Garten. Der **Botanische Garten**, 1844 von Heinrich Ludwig Sello und Persius angelegt, wurde mehrfach umgestaltet. In den Gewächshäusern gedeihen tropische und subtropische Pflanzen.

Drachenhaus ⑤

Der Weg von der oberen Terrasse der Orangerie führt zum **Drachenhaus** am Klausberg. 1770–72 von Gontard in damaliger Chinamode als achteckige Pagode entworfen, ist es heute das einzige kleine Café auf dem großen Gelände. Dem Winzer, der sich um den Weinberg zu kümmern hatte, war es Wohnung. Das dahinter höher gelegene **Belvedere** (1770–72) wurde nach Plänen Ungers gebaut.

Chinesisches Teehaus ⑥

Ein Kleeblatt ist der Grundriß des **Chinesischen Teehauses** (1754–56, Büring), das ebenfalls der damaligen Chinamode folgt. Vergoldete Palmen tragen die Vorhalle, und goldglänzende lebensgroße Figuren genießen Tee und Musik. Das Innere birgt Porzellane (18. Jh.).

Charlottenhof ⑦

Das Gelände für **Charlottenhof** kaufte Friedrich Wilhelm III. 1825 für seinen Sohn. Schinkel baute es 1826–28 nach Entwürfen des Kronprinzen Friedrich Wilhelm (IV.) um; bürgerliche Klassizismus-Einrichtung in zwölf Zimmern. Ein umlaufender Weg und Sichtachsen verbinden das Gelände mit dem alten Teil von Sanssouci. Nur wenig nördlich liegen die **Römischen Bäder** (1829–40, Persius und Schinkel). Die italienischen Landhäusern und einem antiken Bad nachempfundene Dependance war ehemals Hofgärtnerhaus mit Wohnungen für Gäste, Gärtner und Bediente.

Neues Palais ⑧

Das nach dem Siebenjährigen Krieg entstandene **Neue Palais** (1763–69) mit über 200 teilweise bombastisch geschmückten Räumen und Festsälen ist pure Angeberei. Friedrich II. hatte den Bau selbst als ›Fanfaronade‹ bezeichnet und als Demonstration preußischer Macht gewollt. An der ca. 240 m langen Dreiflügelanlage bauten Büring, Heinrich Ludwig Manger, Karl von Gontard und Jean Laurent Legeay. Rokokokleinod ist das von Johann Christian Hoppenhaupt entworfene Schloßtheater. Das Parkett steigt an wie in einem Amphitheater (zugänglich nur bei Aufführungen). Die **Communs** (1766–69, Legeay) als Wirtschaftsgebäude gegenüber sollten die ungestaltete Landschaft verbergen. Zu Banketten im Neuen Palais brachte man die Speisen durch einen unterirdischen Gang.

Schloß Lindstedt ⑨

Nördlich hatte Friedrich Wilhelm IV. schon als Kronprinz ein Gutshaus als Alterssitz erworben. 1857–61 wurden die Umbaupläne des Königs, der nie hier wohnte, mit Kolonnade, Säulenportikus und Aussichtsturm realisiert.

Aktivitäten/Veranstaltungen

Historische Rundfahrten (April–Okt. tgl. ab 11 Uhr zur vollen Stunde ab Historische Mühle); Aufführungen des Hans-Otto-Theaters und Potsdamer Hofkonzerte (April bis Dez.) im Schloßtheater/Neues Palais; Musikfestspiele im Park (Juni); Orgelsommer in der Friedenskirche (Juli–Sept.); Konzerte und Vorträge im Schloß Lindstedt (ganzj.).

Maßstab 1:20.000
0 200 400 600 800 1.000 m

Kleiner als das im nahen Berlin: Potsdams Brandenburger Tor von 1770. Den Blick begrenzt die katholische Kirche St. Peter und Paul am Bassinplatz.

Neuer Glanz in der barocken Garnison

Potsdam könnte als Klein-Europa gelten, hätten nicht Regierende wie Regierte über Jahrhunderte es bis heute als Hort preußischen Militarismus begriffen, als Garnison. Flüchtlinge aus Frankreich und Böhmen haben es bevölkert, Holländer und Flamen brachten mit ihrem Handwerk ihre Kultur in die Stadt. Russischen Sängern wurde ein Stück Heimat gebaut.
So präsentiert sich die vornehmlich barocke Garnisonsstadt nicht nur in preußischer Strenge – und allmählich auch wieder im alten Glanz.

△ Potsdam: Flaniermeile Brandenburger Straße

△ Die Parade der Langen Kerls

Hiller-Brandtsche Häuser in der Breiten Straße ▽

Der Persius-Speicher wurde Kunst-Hotel ▽

△ *Besichtigungs-Pause in einem Café der Brandenburger Straße*

Kunst- und Trödelmarkt in der Lindenstraße ▽

Nur zweimal ist das grüne Ampelmännchen abzuwarten, schon ist man vom Park Sanssouci in der Stadt, der über tausendjährigen, als Potztupimi begonnenen. Das könnte wohl ›Unter den Eichen‹ geheißen haben, wie Friedrich Nicolai vermutete. Ein einziger Bombenangriff am 14. April 1945 vernichtete den Stadtkern, und die DDR-Regierung zögerte nicht, Reste ›preußischen Militarismus'‹ abzuräumen, um den unheilvollen ›Geist von Potsdam‹ durch eine Fülle monströser Plattenbauten zu bannen. Nur die Leistung berühmter Baumeister, Künstler und Gartengestalter im Park von Sanssouci, die immer Gäste von nah und fern anzog, blieb als ›Ausdruck der schöpferischen Kräfte des deutschen Volkes‹ davon verschont.

Die Brandenburger Straße

Bewahrt blieb auch die Brandenburger Straße, heute Potsdams Flaniermeile und Fußgängerzone, die vom Brandenburger Tor aus das historische Sozialquartier durchquert. Die meist zweigeschossigen Giebelhäuser sind vor 1750 als Reihenhäuser gebaut worden. Die Bewohner hatten Soldaten der Garnison aufzunehmen, deren Anwesenheit vor den Giebelfenstern allabendlich überprüft wurde.

Die drei noch erhaltenen Stadttore, die das bürgerliche Potsdam abgrenzten, sollten zudem die Flucht der Zwangsrekrutierten verhindern. Nach Flucht war auch den Langen Kerls zumute, welche die preußische Riesengarde Friedrich Wilhelms I. – damals ab Gardemaß 1,78 Meter – als Touristenattraktion darstellen, als sie sich 1998 von einigen eher beschimpft als bewundert sahen.

Zurück zur historischen Mitte

Der Bassinplatz war einst ein Wasserbecken, zur Zeit des Soldatenkönigs nach Trockenlegung des sumpfigen Geländes über einen Kanal mit dem Heiligen See verbunden. Zehn bis zwanzig Meter tief soll auch Moor unter dem Platz der Einheit liegen. Um so erstaunlicher, welche Fülle repräsentativer Bauten einst die heute eher trostlose Stadtmitte füllten: Fotografien von vor dem Zweiten Weltkrieg zeigen das

△ Potsdams Nikolaikirche, erbaut nach Plänen Karl Friedrich Schinkels, beherrscht den Alten Markt ...

△ ... mit dem Alten Rathaus gegenüber

Idyllische Insel Hermannswerder ▽

△ Haltbares Theater-Provisorium oder auch ›Blechbüchse‹

Der Marstall des Schlosses wurde Filmmuseum ▽

Stadtschloß – von ihm steht noch der Marstall – und das Barberini-Palais, die mit dem Alten Rathaus im palladianischen Stil (sanierungsbedürftig) und der Nikolaikirche den Alten Markt rahmen. Eine ›ganz unkriegerische Rokokowelt‹, wie ein damaliger Journalist schwärmte.
Bis zum Winter 1998 dauerte es, bis die Potsdamer Stadtverordnetenversammlung ihren eigenen Beschluß von 1993, den historischen Stadtkern dem alten Vorbild anzugleichen, in einer Ausstellung zumindest auf dem Papier verwirklicht sah: Nun soll es aber schnell gehen – bis 2012.

Das alte Handwerkerviertel ...

Das Holländische Viertel, mit dem Friedrich Wilhelm I. im 18. Jahrhundert niederländische Handwerker zur Erweiterung und Bereicherung der Stadt anlocken wollte und das Friedrich II. fortsetzen ließ, wurde erst nach der Wende gerettet. 75 Traufen- und 59 Giebelhäuser aus rotem Klinker, unverputzt mit weißen Fugen, mit weißen Holzgesimsen und Giebelumrissen und kleinen Vorgärten waren zwischen Bassinplatz und Nauener Tor entstanden.
Die Häuser waren nicht beliebig groß, sondern wurden einzelnen Gewerken nach Stellung und Ansehen zugewiesen: die kleinen für Samt- und Bändermacher, Maurer und Zimmerer, die großen für Brauerei, Bäckerei, Bataillenmaler. Doch selbst die heimatlichen Häuser, die man extra von einem Landsmann, Jan Boumann, hatte bauen lassen, hielten die holländischen Handwerker nicht dauerhaft in der Stadt.

... ist eine attraktive Adresse

Um so mehr Gefallen fanden schnell Künstler und Prominenz an der Siedlung, und das ist bis heute so geblieben: Friedrich Christian Glume, einer der wichtigsten Bildhauer Potsdams, zog 1746 in die Mittelstraße 25, Carl Philipp Gontard, einer der bedeutendsten Architekten Friedrichs des Großen, 31 Jahre später in die Benkertstraße 16. Kurt Tucholsky und Carl von Ossietzky ließen in der Gutenbergstraße die ›Weltbühne‹ drucken.
Seit 1987 lebt und arbeitet in der Benkertstraße ein Geigenbauer. Der

△ ›Perle‹ Holländisches Viertel

Slawisches Kytz: Kiezstraße ▽

△ Potsdam: Ein quadratisch-rosa orthodoxes Kirchlein ist die Alexander-Newski-Kapelle in der Russischen Kolonie

Künstliche Ruinen als Fassade eines Wasserbeckens für Sanssouci ▽

Sommerliches Flair am Nauener Tor

Orgelbaubetrieb hat schon hundert Jahre durchgehalten. In anderen Häusern sind heute Boutiquen eingerichtet oder Läden für Souvenirs und Geschenke.

Russische Bauernhäuser

Die Zeit der knappen Kassen ist auch keine gute Zeit für das sanierungsbedürftige Kleinod Alexandrowka von 1827, Erinnerung an frühe historische Kontakte zwischen Potsdam und Rußland, die bis in die heutige Zeit nicht abreißen sollten. Die kleine Kolonie aus 13 Fachwerkhäusern, mit Bohlen und Balken nach Art russischer Bauernhäuser verkleidet, mit verspielten Balkonen und geschnitzten Giebelbrettern, ließ Friedrich Wilhelm III. für einen russischen Sängerchor bauen, stimmbegabte Kriegsgefangene, die der Zar dem Freund als Geschenk ließ. Die schwermütigen Gesänge sind längst verstummt. Heute kann man beim Besuch der orthodoxen Alexander-Newski-Kapelle nur die Stille genießen.

Letzte Ruhe für die Prominenz

Der Weg von hier ist nicht weit nach Bornstedt, wo begraben liegt, wer in Potsdam Rang und Namen hatte und oft noch hat. ›Königliche Diener aller Grade ...‹ schrieb schon Fontane. Tatsächlich liest man die Namen von Hofärzten und Hofbaumeistern, Generälen und Kammerherren. ›Lange Kerls‹ des Soldatenkönigs liegen hier und ›Hofgärtner in Bataillonen‹.

Damit wird Fontane das Eckchen meinen, das als Sello-Friedhof abgetrennt ist und dessen Grabsteine von einer großen Gärtner-Familie erzählen. An der Seite aber, neben dem Schinkel-Schüler Ludwig Persius (1803–1845), liegt Peter Joseph Lenné (1789–1866) begraben. Armselig und kunstlos sieht die Grabstätte des großen Gartenkünstlers mit den blassen Begonien und zwei Fuchsien aus.

An der Nordwestecke der Historismus-Kirche im frühchristlichen Stil ist Luise von Niesemeuschel bestattet worden, besser bekannt als Fräulein von Linkersdorf und Jugendliebe des Potsdamer Offiziers (und Dichters) Heinrich von Kleist. Man kann den Namen kaum noch lesen.

POTSDAM
Reiherstand
Bundes-gartenschau 2001 (geplant)
Bornstedt
Bornstedter Feld
Angermannsremise
Viereckremise
Der große Schragen
Pfingstberg
Ruine Belvedere
Pomonatempel
Russische Kolonie
Alexandrowka
Stadtteil Nauener Vorstadt (zu Potsdam)
Schloß Cecilienhof Gedenkstätte
Neuer Garten
Marmorpalais
Heiliger See
Jungfernsee
Stadtteil Berliner Vorstadt (zu Potsdam)
Tiefer See
Stadtteil Jägervorstadt (zu Potsdam)
Ruinenberg Ruine
An der Einsiedelei
Bornstedter See
Orangerie
Park Sanssouci
Rehgarten
Lustgarten
Schloß Sanssouci
Park Charlottenhof
Schloß Charlottenhof
Römische Bäder
Stadtteil Brandenburger Vorstadt (zu Potsdam)
Jägertor
Nauener Tor
Holländ. Viertel
Bassinpl.
Hauptpost
Am Kanal
Zentrum-Ost
Alter Markt
Lange Brücke
Neustädter Havelbucht
Freundschaftsinsel
Potsdam-Stadt RE3, RB22
RE1-3, RB16, RB21, RB22
P.-Charlottenhof
Kiewitt
Tornow
Küssel
Vorderkappe
Havel
Hermannswerder
Hinterkappe
Templiner See
Templiner Vorstadt
Brauhausberg
Landtag
Telegraphenberg
Stadtteil Teltower Vorstadt (zu Potsdam)
Babelsberger Str.
Humboldtbrücke
Friedrich-Engels-Straße
Heinrich-Mann-Allee
Zeppelinstraße
Leipziger Straße
Michendorfer Chaussee
Breite Straße
Schopenhauerstraße
Pappelallee
Potsdamer Straße
Amundsenstraße
Nedlitzer Straße
Berliner Straße
Behlertstraße
Hegelallee
Charlottenstr.
Dortustr.
1 = Kleine Fischerstr.
2 = Eltesterstr.
1 = Kleine Gasse
2 = Schwertfegerstr.

Wo gibt es was?

Nadelnummer = Textnummer ⓘ = Auskunft

Potsdam

Nur die Straße Am Kanal beim Alten Markt verrät, daß Potsdam von Kanälen durchzogen war, um deren Wiederherstellung jetzt gestritten wird. An der Langen Brücke am Rand der Altstadt lag der Eingang zum Stadtschloß, mit dem ab 1662 Potsdams Existenz als brandenburg-preußische Residenzstadt begann. Im Zweiten Weltkrieg beschädigt, wurde es 1960 abgerissen.

Alter Markt ①–③

Die Lange Brücke quert die **Freundschaftsinsel** ① mit einem Schau- und Lehrgarten, der als Denkmal für Potsdams berühmten Staudenzüchter Karl Foerster wiederhergerichtet wurde, Fontänen und Spielplatz.
Den nahen Alten Markt rahmen zwei palladianische Klassizismus-Bauten: die **Nikolaikirche** ② (1830–49, nach Plänen Schinkels von Persius und Stüler) und das **Rathaus** ③ (1753–55, Boumann und Hildebrandt) mit vergoldetem Atlas mit Weltkugel auf seinem Turm. Heute Kulturhaus, war es bis 1875 Gefängnis. Der **Obelisk** (1753–55, Knobelsdorff) sollte den Eindruck eines römischen Platzes vollenden.

Neuer Markt ④–⑤

Der Neue Markt, Ende 17. Jh. als südliche Piazza in barocker Bürgerlichkeit entstanden, ist zum großen Teil schon renoviert und kulturelle wie lukullische Oase. Der südlich an der Breiten Straße gelegene **Marstall** ④ ist der letzte Rest des alten Schlosses. 1685 von Johann Arnold Nering als Orangeriehaus am Nordrand des Lustgartens errichtet, ließ Friedrich Wilhelm I. ihn 1714 zum Pferdestall samt Remise umbauen. Seit 1980 residiert hier das Filmmuseum (siehe Museen).
Ein Stück Alt-Potsdam ist auch die **Kiezstraße** ⑤ weiter westlich. Der Rest einer slawischen Siedlung wurde erst 1722 in die Neustadt eingegliedert.

Brandenburger Straße ⑥–⑪

Die **Alte Wache** ⑥ (1795–97, Andreas Ludwig Krüger) an der Charlottenstraße ist jetzt Bank. Den bemerkenswerten Kolonnadenbau im sog. Zopfstil, mit dem der Frühklassismus ausklingt, hatte Friedrich Wilhelm II. seiner Truppe, dem Regiment Prinz von Preußen, geschenkt.
Hier verlief bis 1735 eine Stadtmauer, Nordgrenze der ersten Stadterweiterung. Unter Friedrich Wilhelm I. wurde die Stadt nördlich der Charlottenstraße barock, aber einfach erweitert. Herz dieser Stadtanlage ist die **Brandenburger Straße** mit dem **Brandenburger Tor** ⑦ (1770, Gontard, Unger) im Westen. Der nördliche Ausgang führte durch das **Jägertor** ⑧ (1733). Am Bassinplatz im Osten stehen die **Französische Kirche** ⑨ (1752/53, Johann Boumann d. Ä., Pläne Knobelsdorff, allegorische Portalfiguren Liebe und Hoffnung von Friedrich Christian Glume) und **St. Peter und Paul** ⑩ (1867–70, Wilhelm Salzenberg), Potsdams erste katholische Kirche. Zu Potsdams zweiter barocker Stadterweiterung gehört auch das **Holländische Viertel** (1732–42), inzwischen eine der schönsten Adressen der Stadt, das am **Nauener Tor** ⑪ (1755, Büring) beginnt.

Russische Kolonie ⑫–⑬

Nach dem Vorbild russischer Militärdörfer hatte König Friedrich Wilhelm III., dessen Tochter mit einem russischen Großfürsten verheiratet war, 1826 die **Russische Kolonie Alexandrowka** mit 13 Blockhäusern und der orthodoxen **Alexander-Newski-Kapelle** ⑫ (1829, tgl. 10–18 Uhr) anlegen lassen.
Lennés Garten schließt den weiter nördlich gelegenen **Pfingstberg** ⑬ ein mit dem **Belvedere**, das Fragment eines von Friedrich Wilhelm IV. geplanten Lustschlosses (1849–60, Pläne von Persius, Stüler, Hesse) und dem **Pomonatempel** (1800, Schinkel, April–Okt. sa/so 15–18 Uhr).

Friedhof Bornstedt ⑭–⑮

Die **Kirche** ⑭ (1855) des früheren Dorfs Bornstedt steht am Rand eines Friedhofs, auf dem viele Gärtner und Baumeister von Sanssouci liegen. Auf dem abgetrennten Sello-Friedhof sind neben den Gärtnern der Familie Sello, Ludwig Persius (1803–1845) und P. J. Lenné (1789–1866), begraben. Westlich der Bornstedter Straße liegt der 74 m hohe **Ruinenberg** ⑮. Auf seiner Spitze steht eine unter Friedrich dem Großen von Knobelsdorff nach römischem Vorbild errichtete künstliche Ruinenlandschaft, um das 4000 Kubikmeter große Becken mit Wasser aus der tiefer gelegenen Havel zu kaschieren. Es sollte Sanssoucis Springbrunnen, Fontänen und Treibhäuser speisen. Zu Friedrichs Lebzeiten funktionierte die Anlage nur ein einziges Mal, am Karfreitag 1754. Erst mit dem Bau der Moschee, des Pumphauses (1841) an der Havel, unter Friedrich Wilhelm IV. erfüllte das Reservoir seinen Zweck.

An der Havel ⑯–⑰

Der **Persius-Speicher** ⑯, Zeppelinstr. 136, ursprünglich Dampfmühle (19. Jh., Persius) im normannischen Burgenstil, ist jetzt Kunsthotel ›art'otel‹ im modernen Anbau. Die historischen Teile beherbergen Büros, ein Restaurant und das Landgericht.
Am anderen Havelufer liegt Potsdams größte **Insel Hermannswerder** ⑰. Auf dem Landweg erreicht man das Eiland von der Templiner Vorstadt. Die Stiftung des Industriellen Hermann Hoffbauer ließ Krankenhaus, Diakonissenstift, Kinderheim, Kirche und Schule bauen (1891–1911). Am Templiner See steht heute auch ein Hotel.

Museen ⑱–㉒

Das **Potsdam-Museum** ⑱ im Museumshaus ›Im güldenen Arm‹, Hermann-Elflein-Str. 3, ist ein Stadtmuseum (di–so 10–17 Uhr). Die **Hiller-Brandtschen Häuser** ⑲, (1769, palladianisch) Breite Str. 8–12, zeigen Ausstellungen ab 1900 des Potsdam-Museums. Die **Gedenkstätte gegen politische Gewalt** ⑳, Lindenstr. 54, ist im früheren Gefängnis der Staatssicherheit ›Lindenhotel‹ (di, do 9–17 Uhr). Das **Filmmuseum** ④ im Marstall mit Kino (di–so, Tel. 2718112) informiert über Ufa- und Defa-Geschichte und zeigt Wechselausstellungen (di–so 10–18 Uhr). Im **Zinnfiguren-Kabinett** ㉑, Burgstr. 30/31, sind in ca. 30 Dioramen vier Jahrtausende Geschichte zu sehen (sa/so 11–18 Uhr). Im **Jan-Boumann-Haus** ㉒, Mittelstr. 8, wird die Geschichte des Holländischen Viertels erläutert (do, fr 13–18, sa/so 11–18 Uhr).

Theater und Konzerte ㉓–㉕

Kabarett ›Am Obelisk‹ ㉓ Charlottenstr. 31; Spielstätten von Brandenburgischer Philharmonie und Hans-Otto-Theater: **Theaterhaus am Alten Markt** ㉔ und **Reithalle A** ㉕, Schiffbauergasse; gegenüber **Waschhaus**, Schiffbauergasse 1, Kleinkunst, Theater, Konzerte, Tanz, Kunstausstellungen, Open-air-Kino (Sommer).

Einkaufen und Besichtigung

Haupteinkaufsmeile Brandenburger Straße; schöne Geschäfte, Holländisches Viertel; Wilhelmgalerie, Platz der Einheit; Stern-Center mit 85 Geschäften, Nuthestraße. Stadtrundgänge (sa/so) mit verschiedener Thematik; Stadtrundfahrten (Stadtinformation); 17 km Radtour ›Alter Fritz‹, Radverleih und Plan bei City Rad, Bahnhof Potsdam-Stadt (Mai–Sept. mo–fr 9–19, sa/so 9–20 Uhr, Tel. 0331/619052); Havelfahrten (Saison) ab Anlegestelle Weiße Flotte, An der Langen Brücke, unterhalb Hotel ›Mercure‹; Haveldampfschiffahrt, An der Langen Brücke, gegenüber Stadtbahnhof.

Märkte und Veranstaltungen

Wochenmarkt, Bassinplatz (mo–fr 7–17, sa 7–14 Uhr); Kunst- u. Trödelmarkt, Lindenstraße (sa 10–17, so 12–17 Uhr); Töpfermarkt u. Tulpenfest, Holländisches Viertel (April); Potsdamer Arkadien (Mai–Okt.); Sommerkulturprogramm an unterschiedlichen Orten (Open-air-Saison); Freilichtkino, Neuer Markt (Juli/Aug. 22 Uhr).
ⓘ Potsdam-Information, Friedrich-Ebert-Str. 5, 14467 Potsdam, Tel. 0331/275580.

Maßstab 1:20.000 — 0 200 400 600 800 1.000m

Hinter den Fassaden – nichts: Westernstraße im erlebnisreichen Filmpark Babelsberg.

Babelsberg: Villen, Parks und Filmkulissen

Im Grenzgebiet von gestern um Schloß Babelsberg graben Gärtner Stück für Stück die alten Landschaftsbilder aus, und in die noblen Villenviertel am Griebnitzsee und in der Berliner Vorstadt zieht langsam wieder der Geldadel ein. Auch Babelsberg als Metropole des Films versucht ein Comeback. Die Medienstadt ist mit ihrem High-Tech-Center für digitale Bild- und Tonverarbeitung auf dem neuesten Stand, und der Filmpark erweitert ständig sein Angebot zum Blick hinter die Kulissen.

△ Das Marmorpalais im Neuen Garten am Ufer des Heiligen Sees, Sommerresidenz Friedrich Wilhelms II.

Das Christusfresko in der Apsis der Sacrower Heilandskirche entwarf Karl Begas ▽

△ Neuer Garten: Schloß Cecilienhof ...

... und ein Giebelbau des Holländischen Etablissements ▽

Wie ein Schiff liegt die von einem offenen Säulengang umgebene Heilandskirche am Sacrower Havelufer ▽

Die Berliner Vorstadt zwischen Tiefem-, Heiligem- und Jungfernsee ist heute eine noble Adresse, die im 17. Jahrhundert allerdings wegen ihrer exponierten Lage für Pestfriedhof und Hospital, Friedhof, Armen- und Arbeitshaus gut genug war. Der Rest bestand bis ins 18. Jahrhundert aus Äckern und Gärten.

Teure Vorstadt

Dann wurden die schönen Lagen begehrt bei den Gutbetuchten – und sie werden es wieder. Seestraße heißt das Zauberwort, dem schon der Journalist und Fernsehmoderator Günther Jauch oder der Modekönig Joop erlagen. Das klassizistische Haus Seestraße 35–37 war Diplomatensitz, der Botschafter Ulrich von Hassel bewohnte es bis zu seiner Verhaftung im Juli 1944. Er gehörte zum engeren Kreis der Attentäter vom 20. Juli. Zur DDR-Zeit war hier Platz genug für die Britische Militärmission. In der Seestraße 41 war die Französische Militärmission untergebracht.

Aus dem Haus des Bauunternehmers Carl Enders, das der 1897 an der Menzelstraße 13–14 bauen ließ, sendete bis 1994 der russische Soldatensender ›Wolga‹. Am Neuen Garten 35, auf der anderen Seeseite und somit in der Nauener Vorstadt, verwaltete der russische Geheimdienst KGB seine Machenschaften hinter den klassizistischen Säulen der Villa Stülpnagel. Seine Gäste logierten in der Großen Weinmeisterstraße 12 in der 1900 gebauten pompösen Villa Schimmelpfeng.

Traum von neuem Ruhm

Den meisten Potsdam-Besuchern ist Babelsberg die deutsche Traumfilmstadt – wenn sie noch ganz jung sind eher Janosch-Land. Tatsächlich sind kleiner Tiger und großer Waldbär im Filmpark Babelsberg zur ernsthaften Konkurrenz fürs Sandmännchen geworden, übertroffen nur von Stuntshow, echtem Tiger Dschandra und ›Welt des Horrors‹. Jugendliche Fans lauern ihren Stars der Vorabendserie ›Gute Zeiten–Schlechte Zeiten‹ auf, während die Medienmanager immer wieder an große Ufa-Zeiten zurück denken.

△ *Action live: Zu den besonderen Attraktionen im Filmpark Babelsberg gehört die Stuntshow ›Final Countdown‹*

△ *Filmpark: Hinter expressionistischer Fassade verbirgt sich eine Mehrzweckhalle*

In der Medienstadt produziert SAT.1 die Talkshow ›Vera am Mittag‹ ▽

△ *Stuntshow im Filmpark*

Fleißig zusammengetragen: Defa-Garderobe im Filmmuseum im Marstall ▽

Die Hoffnung auf ein neues Hollywood an der Havel nach der Privatisierung will sich nicht verflüchtigen. Doch große Filmproduktionen sind rar. Erfolgreicher ist da die Filmtour, die auch Gäste für die tägliche SAT.1-Talkshow ›Vera am Mittag‹ bringt.

Mehr als hundert Firmen haben sich auf dem Gelände angesiedelt. 3000 Menschen arbeiten hier, 500 mehr als zu Defa-Zeiten. Mit dem neuen High-Tech-Center für digitale Bild- und Tonverarbeitung entwickelt sich die Medienstadt zeitgemäß. Somit ist die betriebswirtschaftliche Bilanz positiv, die der Kreativität negativ. Filmfreunde und die der Babelsberger Filmgeschichte seit 1917 finden ihr Dorado im immer wieder überraschenden Filmmuseum im Marstall, dem letzten Rest des Stadtschlosses auf der westlichen Havelseite.

Villenviertel Neu-Babelsberg

Die Erinnerung an berühmte Persönlichkeiten setzt sich im Villenviertel Neubabelsberg am Griebnitzsee fort. Erst nach der Reichsgründung 1871 zogen Finanzstarke, aber auch Militärs und Künstler vor die Tore der Stadt und hinterließen Villen in großer Vielfalt. Ob neugotisch, neubarock, chinesisch oder gleich alles – viele zeigen schmuckarme Fassaden zur Straße und das Können ihrer Architekten zur Wasserseite hin.

Die jüdischen Besitzer waren in den dreißiger Jahren verjagt worden, mancher Filmstar fand Gefallen an den Villen und zog hier ein. Während der Potsdamer Konferenz 1945 residierte Truman in der Villa des Verlegers Müller-Grothe in der Karl-Marx-Straße 2, Stalin in der Nummer 27, der Villa des Teppichhändlers Herpich, die dann Direktionsgebäude der Filmhochschule wurde, und Churchill wohnte in der Virchowstraße 23, von Mies van der Rohe für den Bankier Urbig gebaut.

Zurück zur Pückler-Landschaft

Die Bäume tanzen Ringelreihen, das kann doch von Lenné nicht sein. Ist es auch nicht, Fürst Hermann von Pückler-Muskau hat das romantische Parkambiente in Sichtweite von Schloß Babelsberg komponiert. Prinzessin Augusta von

△ Schloß Babelsberg: neugotischer Prachtbau ... ... mit zweigeschossigem Tanzsaal ▽

△ In der Villa Karl-Marx-Straße 2 residierte Truman 1945

△ Die Glienicker Brücke, die zwei Welter trennte und zwei Städte verbindet

△ Auch Havel: Freibad am Tiefen See ...

... gleich hinter Babelsbergs Kleinem Schloß im Pleasureground ▽

Sachsen-Weimar hatte es so gewünscht. Einige Jahre zuvor hatte sie noch geschrieben: ›Der Babelsberg ist sehr hübsch geworden, das Schlößchen ist ganz klein, aber niedlich ...‹
Gegen die selbstbewußte Dame konnten sich weder Schinkel noch Lenné durchsetzen. So ließ Fürst Pückler wenn nicht die Puppen, so doch das Weinlaub am Bildstöckel – das an die Niederschlagung des Badischen Aufstandes erinnert – tanzen. Und doch ist nicht von ihm, was wir sehen. Pücklers malerische Schluchten und Hügel wurden nach dem Krieg eingeebnet, damit die DDR-Grenztruppen weite, freie Sicht hatten. Ein Kolonnenweg wurde betoniert, und Wachtürme und Zäune beseitigten alles Historische.
Nach 1989 machte sich Gartenbauingenieur Karl Eisbein ans Werk, ließ Tausende Kubikmeter Erde und Schutt wegschaffen und grub gleichsam Pücklers Landschaftsbilder Zentimeter für Zentimeter aus. So spaziert man wieder vorbei an einem normannischen Kastell – Persius' Dampfmaschinenhaus. Gegenüber lugt das Jagdschloß Glienicke aus dem Grün und wenige Schritte weiter schon die Glienicker Brücke und Schinkels Große Neugierde.

Prachtschloß Babelsberg

Das Schlößchen Babelsberg verrät die verschiedenen Hände, die an dem Bau mitwirkten. Aufgrund des unebenen Baugeländes – mit wunderbarem Ausblick über die Havelgewässer und auf das Jagdschloß Glienicke – plante Schinkel einen langgestreckten Baukomplex mit zwei parallelen Fronten. Der Westteil mit Oktogon wird auch ausgeführt. Beim späteren Weiterbau unter Persius und Strack erfährt das Konzept jedoch beträchtliche Änderungen. Schinkels englischer Landsitz im romantisch-neugotischen Stil wird zum ›mittelalterlichen‹ Prachtschloß mit hohem Tanzsaal zwischen den zwei Bauteilen.
Für Kronprinz Friedrich Wilhelm entwarf Prinzessin Augusta höchstselbst das Kleine Schloß in englischer Gotik im Pleasureground am Ufer der Havel, die hier Tiefer See heißt und auch heute noch viel Vergnügen bietet – beim Baden.

POTSDAM
Sacrow
Jungfernsee
Schwarzer Berg
Schiffgraben
Sacrower
Lanke
Meedehorn
Appelhorn
Schloß
Friedhf.
Kap.
Römerbank
Krughorn
Riesterhorn
Heilands-k.
Nikolskoe
St.-Peter-u.-Paul-Kirche
Moorlake
Jägerhof
Kanonenberg
Volkspark
Märchenteich
Havel
Finkenberg
Erbbegräbnis
Wildgehege
(zu Berlin)
Stadtteil
Nauener Vorstadt
(zu Potsdam)
Schloß Cecilienhof
Gedenkstätte
Rettungsstation
Quapphorn
Grünes Haus
Neuer
Garten
Pfingstberg
Ruine
Belvedere
Pomonatempel
Pfingstkirche
Rotes Haus
Heiliger
See
Hasengraben
Schwanenbrücke
Marmorpalais
Obelisk
Orangerie
Planetarium
Holl. Etablissement
Gedenkst.
Stadtteil
Berliner
Vorstadt
(zu Potsdam)
Glienicker Brücke
Schloß Glienicke
Königstraße
Klein-Glienicke
Böttcherberg
Loggia d. Alexandra
Jagdschloß Glienicke
Heimvolkshochschule
Int. Begegnungsst.
Glienicker Horn
Yachthafen
Babelsberger Enge
Glienicker Lanke
Parkbrücke
Louis-Nathan-Str.
Waldmüller-Str.
Wannsee
Schloß Babelsberg
Schloßmuseum
Kleines Schloß
Universität Potsdam
Park
Gerichtslaube
Flatowturm
Babelsberg
Strandbad Babelsberg
Tiefer
See
Hochsch. f. Film u. Fernsehen
Hirschberg
Griebnitzsee
Sternwarte
Kindermann-see
Bootsverleih
Humboldtbrücke
Freizeitzentrum
Gotische Bibliothek
Telecom
Berliner Straße
Charlottenstr.
Holländ. Viertel
Gutenbergstr.
Hauptpost
Am Kanal
Alter Markt
Nikolaikirche
Hans-Otto-Theater
Freundschaftsinsel
Lange Brücke
Zentrum-Ost
Weberviertel
Sport u. Bäderamt
Karl-Liebknecht-Stadion
Kulturhaus Babelsberg
Gbf.
Hauptbahnhof
Potsdam-Stadt RE3, RB22
Babelsberg
Friedrich-Engels-Straße
Breitscheidstraße
Großbeerenstraße
Lutherplatz
Anger
Pestalozzistr.
Medienstadt Babelsberg
Studiotour Babelsberg
Drewitz
Landtag
Landesregierung
Alter Friedhof
Neuer Friedhof
Krematorium
Brauhausberg 353
Telegraphenberg
Geoforschungszentrum
Wissenschaftspark "Alb. Einstein"
Einsteinturm
Meteorolog. Observatorium
Stadtteil
Teltower Vorstadt
(zu Potsdam)
Heinrich-Mann-Allee
Horstweg
Nuthe
Ministerium für Soziales, Gesundheit, Arbeit u. Frauen
Arbeitsamt
Poliklinik
Am Schlaatz
Babelsberger Nuthewiesen
Stadtteil
Babelsberg
(zu Potsdam)
Gewerbegebiet
1 = Kleine Fischerstr.
2 = Eltesterstr.

Wo gibt es was?

Nadelnummer = Textnummer

Potsdam-Babelsberg

Potsdams größter Stadtteil wurde 1375 als Neuendorf erstmals erwähnt. 1751 erfolgte die Ansiedlung böhmischer Weber und Spinner an der Nuthe im neuen Dorf ›Nowawes‹ neben dem alten Neuendorf.

Zentrum ① – ③

Nur die Häuser um den zentralen **Weberplatz** (Floh- u. Bauernmarkt sa 8–14 Uhr; Böhmisches Weberfest 3. Juni-Wochenende) mit der **Friedrichskirche** ① (1753, Jan Boumann) haben noch den ländlichen Charakter bewahrt. In dem nordöstlichen **Villenviertel Neu-Babelsberg** ② (1871 begonnen von Wilhelm Böckmann und Hermann Ende) um Karl-Marx- und Virchowstraße ist seit der Wende eine neue Gründerzeit der Erben und Besserverdienenden angebrochen. Im südlich gelegenen **Waldschloß** ③ ist ein Theater für Kinder und Jugendliche, Stahnsdorfer Str. 100, untergebracht (Tel. 0331/719141).

Filmstadt ④

Medienstadt: Das ehemalige Ufa-, dann Defa-Gelände an der Großbeerenstraße ist heute Medienstadt. Als die Universum-Film AG 1917 gegründet wurde, hatte Kameramann Guido Seeber, technischer Leiter der Deutschen Bioscop-Gesellschaft, auf dem noch wüsten Gelände in Neu-Babelsberg ein altes Fabrikgebäude saniert und im Jahr 1912 mit Asta Nielsen den ›Totentanz‹ gedreht. Mit ›Der Student von Prag‹ und ›Der Golem‹ (1913/14) wurde der Film zur akzeptierten Kunst. Die mit der Bioscop gegründete Ufa wurde schnell ein blühendes Unternehmen, Filme und Regisseure der 1920er Jahre sind bis heute unvergessen (›Nosferatu‹ von Friedrich Wilhelm Murnau, ›Metropolis‹ von Fritz Lang). Unter Leitung Alfred Hugenbergs wurden ab 1927 die Filme staatstragend, nach 1933 propagandistisch; für jüdische Regisseure und Schauspieler war die Arbeit beendet. 1946 erteilten die Sowjets die Lizenz zur Gründung der Deutschen Film AG (Defa). Die Dreharbeiten der neuen Gesellschaft begannen mit Wolfgang Staudtes ›Die Mörder sind unter uns‹ mit Hildegard Knef. Zu DDR-Zeiten wurden mehr als 700 Spiel- und über 800 Fernsehfilme gedreht, aber nicht alle gezeigt.
Nach der Wiedervereinigung kaufte der französische Konzern Generale des Eaux das Gelände und investierte bisher über 200 Mio. Mark in die Medienstadt. Internationale Filmproduktion, wie geplant, kommt nur schwer in Gang, auch wenn die Studios zu 90% ausgelastet sind.
Filmpark Babelsberg: Erfolgreichster Zweig ist der Filmpark, Eingang Großbeerenstraße, mit über 500000 Besuchern pro Saison. Für den familienorientierten Freizeitpark sollte man 4–5 Std. planen. Am Restaurant ›Prinz Eisenherz‹ neben dem Eingang beginnend, führt der Rundgang zu Filmkulissen und -requisiten. Attraktionen im Unterhaltungsbereich sind die Filmtiershow, die Stuntshow ›Final Countdown‹, das Showscan-Actionkino, die Science-fiction-Ausstellung ›Cinefantastic‹, die Dreharbeiten ›Der verflixte letzte Drehtag‹, ›Boomer‹ – das U-Boot, für die Kleinen das Sandmann-Studio und ›Panama – Janoschs Traumland‹ (Mitte März–Okt. tgl. 10–18 Uhr, letzter Einlaß 16.30 Uhr; geführte Shuttle-Tour durch die Medienstadt ab Filmparkfundus ca. 30 min.).

Park Babelsberg ⑤ – ⑩

Vom Pförtnerhaus gegenüber der Karl-Marx-Straße bis zum Kleinen Schloß kann man seit Sommer 1998 wieder wie zu Fürst Pücklers Zeiten durch den Park Babelsberg wandeln. Zuerst wächst ein normannisches Kastell aus dem Grün, das **Dampfmaschinenhaus** ⑤ (Persius, 1843–45) an der Glienicker Lake, welches die Bewässerung des Parks besorgte und das sandige Babelsberg in einen blühenden Garten verwandelte. In wenigen Jahren soll aus dem alten, fast intakten Rohrsystem von 1843 wieder eine 40 m hohe Seefontäne sprudeln. Die von Lenné begonnene Parkgestaltung hatte Prinzessin Augusta von Sachsen-Weimar, die der preußische Prinz Wilhelm 1829 geheiratet hatte, nicht gefallen, so daß das spätere Kaiserpaar 1843 den Fürsten Hermann von Pückler-Muskau nach Babelsberg holte. Der schuf Fuß- und Fahrwege, Blumenbeete und neue Baumgruppen. Im **Schloß Babelsberg** ⑥ (ab 1833 von Schinkel englisch-gotisch geplant, von Persius und Strack bis 1849 beendet) kann man nur sechs der kleinen, hohen Räume besichtigen, die Ausstattung ist verlorengegangen (April–Okt. di–so 10–17, Nov.–März sa/so 10–16 Uhr). Das **Kleine Schloß** ⑦ am Tiefen See (von Prinzessin Augusta entworfen, 1841–42 von Persius umgebaut), ist Restaurant mit Seeblick. Hinter dem Kleinen Schloß liegt auch das Strandbad Babelsberg. Stendals altem Rathaus soll das **Matrosenhaus** ⑧ (1842, Johann Heinrich Strack) abgeguckt sein. Die **Gerichtslaube** ⑨ gehörte seit dem 13. Jh. zum Berliner Rathaus. 1860 abgerissen, ließ Wilhelm I. sie hier wieder aufbauen. Der **Flatowturm** ⑩ (1853–56, Strack) mit kaiserlichem Arbeitszimmer ist neogotisch ausgestattet (April–Mitte Okt. sa/so 10–12.30 u. 13–17 Uhr).

Neuer Garten ⑪ – ⑮

Friedrich Wilhelm II., der ›dicke Wilhelm‹, ließ zwischen Heiligem- und Jungfernsee 1787–91 von Johann August Eyserbeck den ›sentimentalen Garten‹ (74 ha) aus Obst- und Weingärten, Maulbeerplantagen und Äckern gestalten. Lenné entwickelte ihn ab 1816 mit den Sichtachsen weiter, z. B. zum Schloß auf der Pfaueninsel (nordöstl. außerhalb der Karte). 15 ha am Jungfernsee machte der Mauerbau zum Sperrgebiet, 1990–93 wurde es rekonstruiert. Gleich hinter dem Parkeingang liegt die **Gotische Bibliothek** ⑪ (1792–94, Carl Gotthard Langhans). Zuvor bzw. parallel entstanden das **Holländische Etablissement** ⑫ (1789–90, Pläne Karl von Gontard) für Dienstwohnungen und Stallungen sowie die **Orangerie** ⑬ (1791–93).
Das **Marmorpalais** ⑭ (1790, 1797 erweitert, Innenausbau 1843–45) baute Langhans wie ein Schiff ans Ufer. Durch einen unterirdischen Gang ist es mit dem 80 m südlicheren **Küchenhaus** im Stil einer Tempelruine verbunden. Louis Ferdinand von Preußen (1907–1994), Enkel des Kaisers, wurde hier noch geboren. Nach dem Zweiten Weltkrieg machte die Rote Armee das Schloß zum Offizierskasino und den Neuen Garten zum Luna-Park. 1960 richtete die Nationale Volksarmee (NVA) in den Räumen ein Armeemuseum ein, flankiert von Schnellboot und MIG 21. Ein Kommandeur residierte im Intarsienkabinett. Die ersten, sorgfältig rekonstruierten Räume sind wieder zu besichtigen (April–Okt. di–so 10–17, Nov.–März sa/so 10–16 Uhr, Video über Friedrich Wilhelm II. im Weinkeller). Das **Schloß Cecilienhof** ⑮ (1913 bis 1917, Paul Schultze-Naumburg) im englischen Landhausstil für Kronprinz Wilhelm und seine Frau Cecilie gebaut, ist heute Hotel. 180 Räume des Fachwerkensembles gruppieren sich um Innenhöfe, und 55 verschieden gemusterte Schornsteine zieren gruppenweise die Dächer. Die über zwei Etagen reichende holzgetäfelte Halle, wo 1945 das Potsdamer Abkommen verhandelt wurde, ist wie die Arbeitszimmer der drei Delegationen zu besichtigen (April bis Okt. di–so 9–17, Nov.–März 9–16 Uhr).

Sacrow ⑯

Nach Skizzen Friedrich Wilhelms IV. baute Persius die **Heilandskirche** (1844) wie ein am Ufer ankerndes Schiff. Mit Campanile und Arkadengang über dem Wasser erinnert sie an eine italienische Basilika (März bis Okt. di–so 11–17, Nov.–Febr. nur sa/so).

Teltower Vorstadt ⑰ – ⑱

Hinter dem als Kriegsschule errichteten **Landtag** ⑰ (1899–1902), später Reichs- und Heeresarchiv, ab 1952 Sitz der SED-Bezirksleitung und daher auch ›Kreml‹ genannt, liegt der Wissenschaftspark Albert Einstein mit dem expressionistischen **Einsteinturm** ⑱ (1920, Erich Mendelssohn), ein Observatorium, wo Magnetfeldmessungen der Sonne mit großer Präzision möglich sind.

Maßstab 1:20.000 (0 – 200 – 400 – 600 – 800 – 1.000 m)

Das Rheinsberger Seengebiet, hier bei Flecken Zechlin, ist ein Paradies für Wassersportler.

Rheinsberg – Perle in einer Seenlandschaft

Die seenreiche Landschaft im Norden Brandenburgs gruppiert sich mit Zuflüssen und Kanälen um die Oberhavel. Natur- wie Kulturfreunde finden hier ihre Paradiese: Schloß Rheinsberg etwa, reizvoll wie seit den glücklichen Zeiten Friedrichs des Großen, oder den Stechlinsee, den Fontane beschrieb, und der noch immer tief und klar ist. Während Oranienburg weiter schwer am historischen Erbe trägt, macht der Besuch in Neuruppin oder im nahen Netzeband einfach Freude.

△ Der Ruppiner See kann Badewanne sein, Segelrevier oder Startpunkt zur Ostseereise

△ Zum Neuruppiner Hafenfest gehört für kleine Gäste die ›Bemalung‹

Nach einem Brand 1787 wurde Neuruppin zur klassizistischen Musterstadt ▽

△ Die Türme der Klosterkirche prägen das Bild Neuruppins, ... der Heimatstadt Theodor Fontanes ▽

Neuruppin hat sich in Szene gesetzt, denn seit 1998 darf es sich ›Fontanestadt‹ nennen. Hundert Jahre zuvor, am 20. September, war der gebürtige Neuruppiner (30. Dezember 1819) 79jährig in Berlin gestorben. Sein Todesjahr war Anlaß, besonders hier den Verfasser des sicher umfangreichsten Reiseführers, ›Wanderungen durch die Mark Brandenburg‹ – sieben Bände mit 4688 eng bedruckten Seiten –, ausgiebig und auf vielfältige Art zu feiern, um eine gesunde Grundlage für wachsenden Fremdenverkehr zu schaffen.

Die Ruppiner Bilderbogen

Verläßlicher als kultureller Köder könnten jedoch die Neuruppiner Bilderbogen werden, das Medienereignis des 19. Jahrhunderts, von Fontane noch ironisch bedacht: ›Was ist der Ruhm der ›Times‹ gegen die zivilisatorische Aufgabe des Ruppiner Bilderbogens?‹ Die erste Ausgabe dieser neuartigen ›Illustrierten‹ erschien im Jahr 1810, und als 1934 die letzte herauskam, waren 22000 Motive um die Welt gegangen. Genau genommen waren es zunächst einseitig bedruckte Bilderbogen, primitive Holzschnitte, 43 mal 34 Zentimeter groß, mit Tagesgeschehen, handkoloriert, und rechts unten war zu lesen: ›Zu haben bei Gustav Kühn in Neu-Ruppin‹.

In den Druck- und Kolorierstuben ließ man die Bomben und Granaten fast so schnell durch die Luft fliegen wie auf den Kriegsschauplätzen. Während des Kriegs in Schleswig-Holstein 1864 war die Nachfrage so groß, daß Filialen eingerichtet werden mußten. Frauen und Kinder kolorierten von Altruppin bis Wusterhausen. Aus Dänemark soll die Anfrage gekommen sein, ob man nicht Bilder machen könne, auf denen die Dänen oben und die Preußen unten lägen, man garantiere hohen Absatz. So schrieb es Fontane, hat es dann in der zweiten Auflage seiner ›Wanderungen‹ aber wieder gestrichen.

Nun hat das Städtchen eine Bilderbogen-Galerie im einstigen Kühnschen Druckhaus eingerichtet, für fast eine Million Mark Bilderbogen aus anderen Städten und Ländern aufgekauft und lädt ein zum Studium von fast 14000 Exemplaren.

△ Ab 1853 wurde der Neuruppiner Tempelgarten ›orientalisiert‹

△ Barockes Kleinod von Neuruppin ist der Tempelgarten, den Kronprinz Friedrich in der Garnisonsstadt anlegen ließ

△ Das Ruppiner Land

Lokal ›Boltenmühle‹ in der Ruppiner Schweiz ▽

△ Drei Seen umgeben im Osten der Ruppiner Schweiz den Ort Lindow, ... dessen Klosterruine sich mit Efeu schmückt ▽

Theatersommer in Netzeband

Jedes Jahr schon kommen Hunderte aus Holland, Düsseldorf, Hamburg oder Berlin in ein kleines Dorf am Ende der Welt, um dabeizusein. Dabei in Netzeband, das selbst ein unbekanntes Straßendorf für 170 Seelen war, bevor sich ein paar Verrückte zusammentaten, dort ein Kulturzentrum einzurichten. ›Es ist Frühling, mondlose Nacht in der kleinen Stadt, sternlos und bibelschwarz, die Kopfsteinpflasterstraßen still ...‹. Wohltönende Stimme im Wald, nahe Autobahn und Havelseen. Aber die weißen Rahmen zwischen den Bäumen deuten Fenster der fiktiven walisischen Kleinstadt Llareggub an. Träume im Morgengrauen nehmen Gestalt an, übermannshoch wachsen Figuren aus dem Dunkel, Kapitän Cat und Williams der Tänzer, beider ehemals Geliebte Rosie. Aus Holz, Stoffresten, Lampenschirmen haben Dorfbewohner riesige Puppen gemacht, die Sommer für Sommer die Stimmen verkörpern, für die der walisische Dichter Dylan Thomas sein Spiel ›Unter dem Milchwald‹ schrieb.

Ferien auf Märkischen Höfen

Wo Dorfbewohner Theater spielen und aus der abrißreifen Kirchenruine von 1834 – verkauft für die berühmte eine Mark – ein Büro für Landschaftsplaner und eine Ausstellungshalle geworden ist, wird Kultur als Gesamtheit der Lebensäußerungen verstanden. Ackerbau und Viehzucht, Arbeit, Freizeit und Kunst konzentriert sich in den umliegenden ›Märkischen Höfen‹. In diesen Ensembles alter backsteinerner Vierseithöfe, wo sich die Schwalbennester aneinanderreihen, genießen die Urlauber neben blühenden Bauerngärten gute ländliche Küche, lernen Kinder mit ernsten Gesichtern unter schwarzen Reitkappen, mit Pferden umzugehen.

Oberhavel, eine Seenlandschaft

Aber es ist nicht möglich, am Oberlauf der Havel den Dichtern zu entkommen. Eher der Havel. Sie versteckt sich in den unzähligen Seen. Schon in der ersten Hälfte des 19. Jahrhunderts wurden in ihrem Oberlauf Schleusen und Schiffahrtskanäle angelegt, Wasserarme ver-

△ Schloß Rheinsberg: Im runden Kabinett des rechten Turms ließ Kronprinz Friedrich sein Studierzimmer einrichten

△ Im Schloßpark die Statuen ›Erde‹ und ›Wasser‹

△ Der junge Friedrich

Schloßkolonnade zum See ▽

△ Touren von der Stadt Rheinsberg: vom Anleger Seestraße per Schiff über fünf Seen ... ... oder per Kutsche über Land ▽

binden sie mit der Müritz, den Ruppiner Gewässern wie denen um Rheinsberg und Templin.
In Rheinsberg heißt das Wasser Grienericksee, was sich keiner merken kann. Gott Apoll wendet ihm den Rücken zu. Zum Schutzherrn der Musen gesellen sich vor dem Schloß die vier Elemente Wasser, Feuer, Erde, Luft, denen Gionanni Antonio Cybei 1766 Marmorgestalt gab. Träge schiebt sich der See in kleinen Wellen an die schilfigen Ufer.
›Schob‹ schrieb Tucholsky 1912 in seinem ›Bilderbuch für Verliebte‹, mit dem See und Schloß schlagartig weite Berühmtheit erlangten. Denn die verspielt-zärtliche Rheinsberger Liebesgeschichte von Wolfgang und Claire wurde zum Bestseller.

Glückliches Rheinsberg

Schneller, auch schöner als andere Städte des Landes hat Rheinsberg sozialistisches Grau abgestreift. Verliebte lustwandeln auch heute durch die Laubengänge des Schloßparks mit Grotten, Tempeln, Obelisken. Koloraturen perlen von einer Anhöhe – es gibt hier eine Musikakademie. Ein Käuzchen müht sich erfolglos, den Lauten zu antworten. Ein glücklicher Ort, denkt man, ist es doch unumgänglich, festzustellen, daß der Alte Fritz hier ein glücklicher Friedrich war und daher auch wohlgemut wieder als Kronprinzenstatue vor dem Eingangstor posiert. Nur vier Jahre, von 1736 bis 1740, lebte er in Rheinsberg. Vier Jahrzehnte darauf sein Bruder Heinrich, bei dem sich das Glück nicht einstellen wollte. Das Zeichen, das er setzte, liegt dem Schloß gegenüber am anderen Ufer. Ein Obelisk und Denkmal des Zorns, von Heinrich dem zweiten Bruder August Wilhelm geweiht, den Friedrich unehrenhaft verstoßen hatte. Der Obelisk wurde im Juli 1791 aufgestellt, da war der große Bruder schon fünf Jahre tot.

Geliebter, gelobter Stechlin

In die zauberhafte Seenlandschaft im Norden von Rheinsberg hatte Friedrich der Große 1778 ›Industrie‹ stellen lassen, Glashütten. Orte wie Zechlinerhütte haben ihren Namen daher. Auch der Name Stechlin, des Sees, dem Fontane zu literarischem Ruhm verhalf, soll auf

△ Blickpunkte in Gransee sind die spätgotische Backstein-Hallenkirche St. Marien ...

... und Schinkels Denkmal für Königin Luise ▽

△ Ziegeleimuseum Mildenberg: Dampfmaschine

△ Durch das mehr als 500 Jahre alte Ruppiner Tor betritt man das historische Gransee

Ferienstimmung in Zechlinerhütte ▽

das slawische ›steklo‹, Glas, zurückzuführen sein. Glasbläserhäuser gibt es immer noch, und Landhäuser aus der Kaiserzeit sind renoviert.
Der Fischladen verkauft Hechte, Forellen, Aale und vor allem Maränen aus dem glasklaren Wasser, in dem man über zehn Meter tief sehen können soll. Der schöne Sandweg zum See wurde geteert, damit Neuglobsow Luftkurort werden konnte. Da muß der See einen rollstuhlgerechten Zugang haben.
Gegenüber, an der Westbucht, steht ›Rheinsberg‹, das erste Atomkraftwerk der DDR, 1966 in das Naturschutzgebiet und an genügend Wasser für den Kühlkreislauf gestellt. Damals wurden am Südufer Laboratorien eingerichtet, die bevorstehende Veränderung der Thermik des Sees und seiner Pflanzen- und Tierwelt zu beobachten. Als von bedenklicher Eutrophierung durch Erwärmung die Rede war, hat man den See schnell gesundgeschrieben.

Schweres Erbe Sachsenhausen

Ungleich schwerer wiegt das Erbe Oranienburgs zwischen Havel, Oranienburger Kanal, Oder-Havel-Kanal und Lehnitzsee. Die Stadt im Grünen nahe der Reichshauptstadt war von 1938 bis 1945 Zentrale aller Konzentrations- und Vernichtungslager. Jede geplante Veränderung nach der Wende legte ein neues Stück eines feingesponnenen Netzes frei, das sich als Topographie des Terrors erwies. Der Getränkehandel war SS-Bad, die Werkstatt SS-Garage, die Polizei SS-Kaserne.
Seit 1961 hatte man die Geschichte hinter den Mauern der Gedenkstätte Sachsenhausen verwahrt geglaubt. Nun wird darum gestritten, wie mit dem Konzentrationslager Sachsenhausen umgegangen werden soll, das 1936 als ›idealtypische‹ Tötungsfabrik der Nationalsozialisten erbaut und dann von 1945 bis 1950 als Speziallager des sowjetischen Geheimdienstes weiterbenutzt worden ist.

Stadt Henriettes von Oranien

Drei Fliegerangriffe hatten zwei Drittel Oranienburgs 1945 in Schutt und Asche gelegt. Blindgänger liegen noch heute im Boden und werden nach und nach entdeckt. Mancher würde es am liebsten wie-

△ Beeindruckendes Feuchtgebiet Rhinluch

Der einst barocke Schloßpark Oranienburg ▽

△ Individueller Grillplatz am Ruppiner See

Typisches Bollhagen-Muster aus Marwitz ▽

Das Zietensche Herrenhaus in Wustrau

200 Jahre alt ist die Klappbrücke an der Schleuse über den Rhin in Altfriesack ▽

der Bötzow nennen, wie der Ort im 13. Jahrhundert hieß, bis der Große Kurfürst Friedrich Wilhelm Schloß Bötzow seiner Frau Luise Henriette von Oranien schenkte, weil das schöne Land sie so sehr an die holländische Heimat erinnerte.
Von 1650 bis 1655 als Wasserschloß errichtet, 1688 zur Dreiflügelanlage erweitert und bis 1709 weiter ausgebaut, zählt es zu den wichtigen Barockbauten der Mark Brandenburg. Die museale Konzeption der Stiftung Preußische Schlösser und Gärten Berlin-Brandenburg will den jungen Kurfürsten mit seiner ersten Frau Luise Henriette und den kulturellen Beziehungen zu den Niederlanden in den Mittelpunkt stellen.

Vogelparadies Rhinluch

Während die Schnelle Havel von Norden her nach Oranienburg ›tänzelt‹, liegen westlich, zwischen Kremmen und Neuruppin, von der Straße kaum auszumachen, gebändigte Wasser. Ruppiner Kanal und Rhin durchfließen die Landschaft, Gräben durchziehen sie. Das Sumpfgebiet ist Rückzugsgebiet für Reiher, Bussarde, Störche und Kraniche. Im Frühjahr überschwemmt, im Sommer blühende Wiese, erahnt man erst im Herbst, wenn die Gänse tief über das Land fliegen, das Vogelparadies zwischen den gelegentlichen Weiden und Erlen.
Vor fast 300 Jahren schon hat man hier Torf gestochen und Kanäle angelegt, um das Heizmaterial nach Potsdam und Berlin zu schaffen. Die Menschen haben das Land immer schnell wieder verlassen. Ansiedlungen, zu denen kleine Wege führen, sind winzig, Fachwerkhäuser einstöckig mit viel Platz drumherum. Hier und da sieht man ein Storchennest, in Linum hat man Storchenmasten mit Wagenrädern aufgestellt. So ist es ›Storchendorf‹ geworden.
Wegweiser erinnern an Geschichtsunterricht, ›Fehrbellin‹ zum Beispiel am Alten Rhin. Dabei hat hier gar keine Schlacht stattgefunden, das war einige Kilometer südlich in Hakenberg, noch kleiner und unbedeutender, wo 1675 die brandenburgische Armee Schweden angriff, die über den Rhin kamen. Eine 30 Zentner schwere Viktoria krönt den 34 Meter hohen Turm mit Siegessäule.

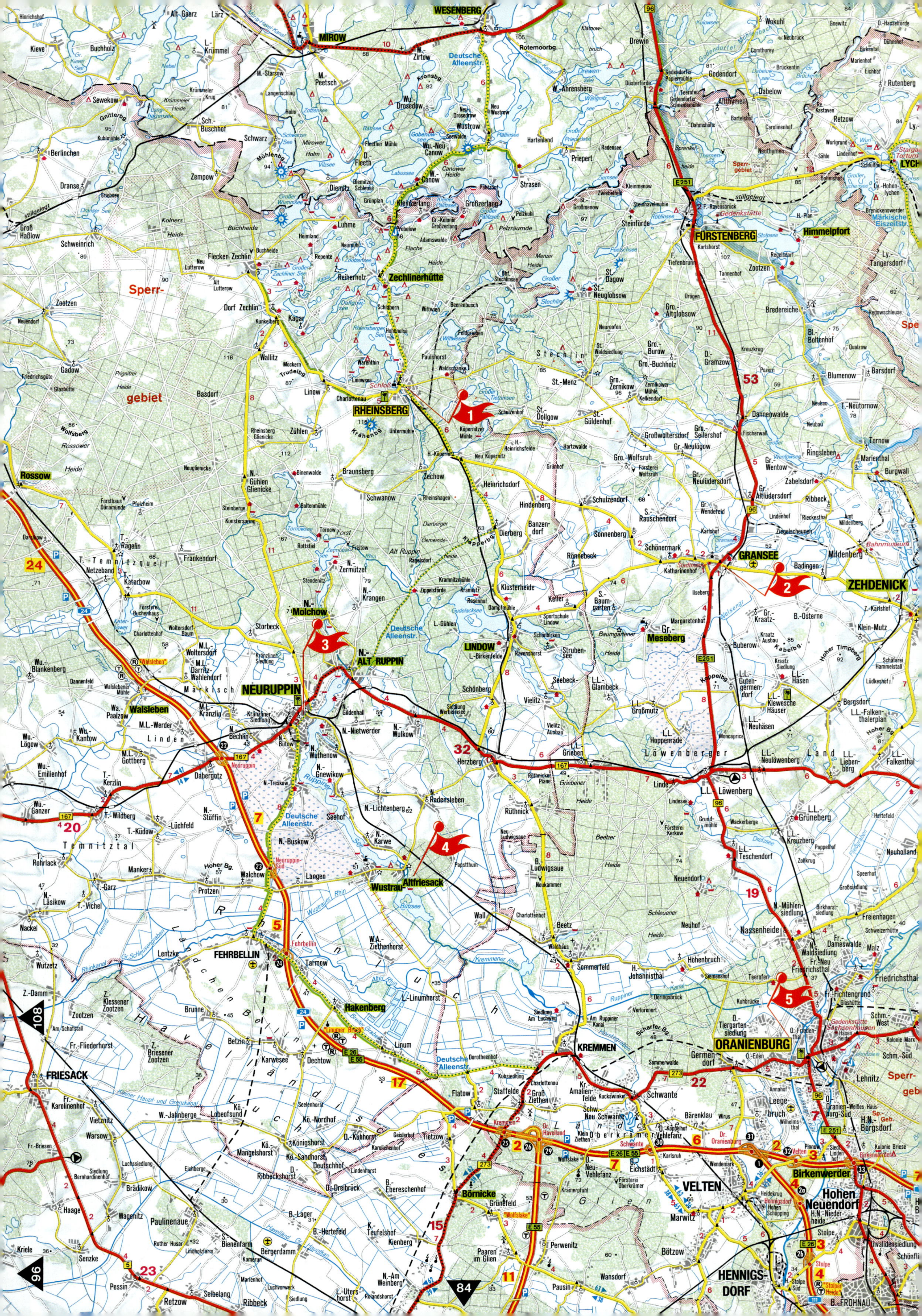

WESENBERG
MIROW
Kieve
Buchholz
Deutsche Alleenstr.
Rotemoorbg.
Drewin
Wokuhl
Sewekow
Zirtow
Peetsch
Schwarz
Mühlenbeck
Berlinchen
Dranse
Zempow
Diemitz
Fleeth
Wustrow
Canow
Strasen
Priepert
Godendorf
Dabelow
Retzow
Himmelpfort
Lychen
Groß Haßlow
Schweinrich
Flecken Zechlin
Luhme
Großzerlang
Steinförde
FÜRSTENBERG
Sperr-
gebiet
Dorf Zechlin
Zechlinerhütte
Neuglobsow
Zootzen
Kagar
Rheinsberg
Stechlin
Dollgow
Gadow
Linow
Zühlen
Basdorf
RHEINSBERG
Menz
Güldenhof
Dannenwalde
Rossow
Braunsberg
Zechow
Heinrichsdorf
Gülitz
Rauschendorf
Tornow
Schwanow
Dierberg
Hindenberg
Sonnenberg
Schönermark
GRANSEE
ZEHDENICK
Rägelin
Frankendorf
Alt Ruppin
Zermützel
Rönnebeck
Badingen
Mildenberg
Katerbow
Molchow
Krangen
Lindow
Meseberg
Kraatz
Storbeck
NEURUPPIN
N.-ALT RUPPIN
Walsleben
Wulkow
Herzberg
Vielitz
Löwenberg
Teschendorf
Dabergotz
Kerzlin
Wildberg
Radensleben
Rüthnick
Linde
Grüneberg
Nassenheide
Walchow
Langen
Wustrau
Altfriesack
Beetz
Sommerfeld
Protzen
FEHRBELLIN
Tarmow
Hakenberg
Linum
KREMMEN
Germendorf
ORANIENBURG
Friedrichsthal
FRIESACK
Flatow
Staffelde
Schwante
VELTEN
Birkenwerder
Hohen Neuendorf
Paulinenaue
Börnicke
Bötzow
Marwitz
HENNIGSDORF
Perwenitz
Wansdorf
Retzow
Pessin
Senzke
Kriele
Ribbeck
Bergerdamm
Kienberg
Stolpe
B.-FROHNAU
24
20
53
19
32
22
17
23
15
11
108
96
84
1
2
3
4
5

Wo gibt es was?

Fähnchennummer = Textnummer ❶ = Auskunft

Rheinsberg ①

Das idyllisch gelegene Städtchen wurde nach Brand 1740 durch Georg Wenzeslaus von Knobelsdorff wiederaufgebaut.
Sehenswert ist das Schloß am Grienericksee. König Friedrich Wilhelm I. hatte es 1734 seinem Sohn Friedrich geschenkt, der es ausbauen und im Rokokostil ausstatten ließ (Spiegelsaal v. Antoine Pesne). 1736 zog er ein. Sein Bruder Heinrich schuf nach 1753 den Park mit Tempeln, Grotten, Statuen, Grabpyramide, wie auch das Schauspielhaus (1999 in Restaurierung) und den Eckpavillon zur Stadt hin.
Museen: Schloßmuseum und Kurt-Tucholsky-Gedenkstätte im Schloß (di–so 9.30 bis 12.30 u. 13–17, Nov.–März 10–12.30 u. 13–16 Uhr). Zinnfiguren-Museum, Seestr. 15, zur Weltgeschichte (tgl. 11–18 Uhr). Rheinsberger Keramik in der Rhinpassage (tgl. 10–18 Uhr).
Markt u. Veranstaltungen: Hafenfest (Ende April); Kammeroper (Sommer); Konzerte in der Musikakademie (jeden Sa); Zinnfigurenbörse und Töpfermarkt mit vielen Kunsthandwerkern (Okt.).
Aktivitäten: Bootsverleih, Am Bollwerk u. Untermühle 2; Schiffstouren ab Anleger Seestraße; Kutschfahrten; als sauberster See Brandenburgs gilt der Große Stechlin bei *Neuglobsow* (16 km nordöstl.) mit Bad, Ruderbootverleih (Sommer), Angeln und Wanderweg (5 km) nach *Menz* (11 km östl.) mit Waldmuseum (Sommer) und Feldsteinkirche; in *Zechlinerhütte* (7 km nördl.) Baden, Angeln, Wandern, Reiten, Radfahren, Bootsverleih, Kutschfahrten.
Umgebung: In Zechlinerhütte erinnert eine Gedenkstätte an die Grönlandforscher Alfred und Kurt Wegener (April bis Sept. mo–sa 9.30–16.30, so 10–13.30, Okt.–Mai mo–sa 9.30–15.30, so 10–13 Uhr). *Dorf Zechlin* (9 km nordwestl.) hat ein Mühlenmuseum (Mai–Sept. mi 15–17, sa 14–17, so 10–12 Uhr).
❶ Tourist-Information, Markt/Kavalierhaus, 16831 Rheinsberg, Tel. 033931/2059.

Gransee ②

Der Ort ist noch ummauert. Seine rechtwinklige Straßenführung entstand erst nach dem großen Stadtbrand von 1711.
Sehenswert: Erhalten blieb der Pulverturm (Schlüssel im Heimatmuseum). Die dreischiffige Backsteinkirche St. Marien (13./15. Jh.) birgt zwei wertvolle Altäre und eine Wagner-Orgel (1744, Sommerkonzerte). Ein gußeisernes Denkmal (1811, Schinkel) würdigt Königin Luise von Preußen († 1810).
Umgebung: *Mildenberg* (9 km östl.) besitzt ein Ziegeleimuseum (Mai–Okt. mo–fr 11–13 u. 15–17.30 Uhr u. nach Vereinbarung Tel. 03307/310287).
❶ Tourist-Information (Heimatmuseum), Rudolf-Breitscheid-Str. 44, 16775 Gransee, Tel. 03306/21606.

Neuruppin ③

Die mit 13 eingemeindeten Orten seit 1993 flächenmäßig Deutschlands fünftgrößte Stadt (330 qkm; 32 500 Einw.) liegt in einem Endmoränengebiet mit Schluchten, Hügeln, Heide, Mischwäldern und Kiefernforsten in der Mitte der Seenkette der Ruppiner Schweiz.
Geschiche: Keimzelle der Stadt war das 1246 gegründete Dominikanerkloster am Ruppiner See. 1524 fiel sie an das Kurfürstentum Brandenburg und wurde zur Garnisonsstadt, was sie bis zum Abzug der Sowjetarmee 1992 blieb.
Sehenswert: Die breiten rechtwinklig angelegten Straßen entstanden nach dem Stadtbrand von 1787. Beim Wiederaufbau machte Bernhard Matthias Brasch Neuruppin zur frühklassizistischen Musterstadt. Hauptachse ist die Karl-Marx-Straße (über 1 km) mit drei großen Plätzen; am Südende lebensgroßes Denkmal Theodor Fontanes (1907, Max Wiese). In der Löwen-Apotheke, Karl-Marx-Str. 84, wurde der Dichter am 30. 12. 1819 geboren. Mit der Marienkirche schloß der Stadtaufbau 1806 ab; nach einem Konzept Aldo Rossis soll sie als ›öffentlicher Raum‹ in ein Kongreßzentrum integriert werden. Dahinter ein Denkmal (1883, Max Wiese) Karl Friedrich Schinkels (1781–1841), Preußens größtem Baumeister und weiterem Sohn der Stadt. Die Klosterkirche St. Trinitatis (1834 nach Schinkel-Plänen wiederhergestellt) am Niemöllerplatz ist der einzige Bau des alten Klosters (April–Okt. 10–16 Uhr). Die schöne Stadtmauer ist wieder freigelegt. Ein Stadtmauerweg führt über Karl-Marx-Straße und Rheinsberger Tor zu Wallpromenade und Tempelgarten (18. Jh.; Präsidentenstraße, tgl. 10–18 Uhr) mit Rundtempel (1735, Knobelsdorff). Neuestes Kunstwerk am See-Ufer ist ein silberglänzender Parzival (1998, Matthias Hohl-Stein).
Museen: Im Heimatmuseum, August-Bebel-Str. 14/15, 800 Jahre Stadtentwicklung und Neuruppiner Bilderbogen, Informationsblätter des 18./19. Jh. (di–fr 10–17, sa/so 10–16 Uhr). Eine Auswahl zeigt auch die Kultur-Etage der Bilderbogen-Passage im alten Kühnschen Druckhaus zwischen Schulplatz und August-Bebel-Straße (di–fr 10–17, sa/so 10–16 Uhr).
Aktivitäten: Angeln (Verleih) bei der Ruppiner Fischaufzucht in Zippelsförde; Radverleih am BürgerBahnhof; Bootsverleih (April–Okt. tgl. 10–18 Uhr); Rund- und Mondscheinfahrten mit Salon- und Tagungsschiffen; Ausflugsfahrten zum Ausflugslokal ›Boltenmühle‹ in *Gühlen-Glienicke* (13 km nördl.), von dem Wanderungen zum Kalksee und am Binenbach möglich sind; auf den Märkischen Höfen von *Netzeband* (14 km nordwestl.) Hofladen mit Bauernmarkt, Reiten, Kremserfahrten.
Umgebung: Heimattierpark (tgl. 9–19, Okt.–März 9–17 Uhr) in *Kunsterspring* (13 km nördl.). Keimzelle von *Lindow* (23 km östl.) war das 1230 gegründete Prämonstratenserkloster (Ruine).
Märkte u. Veranstaltungen: Hafenfest (Mai); Kultursommer (Juli); Alt Ruppiner Bootskorso und Karneval (Aug.); Martini- und Pferdemarkt (Nov.); Weihnachtsmarkt (Dez.); Theatersommer in Netzeband (Juli/Aug.).
❶ BürgerBahnhof, Karl-Marx-Str. 1, 16816 Neuruppin, Tel. 03391/45460.

Wustrau-Altfriesack ④

In Wustrau im Rhinluch wurde der Husarengenerals Hans Joachim Zieten (*1699) geboren. Das barocke Herrenhaus (1750) der tollkühnen ›Stütze‹ in den Kriegen Friedrichs des Großen steht in einem Park am See. Im Fischerdorf Altfriesack an Neuruppiner und Bützsee führt seit 200 Jahren eine Klappbrücke über die Rhinschleuse.
Umgebung: *Linum* (13 km südl.) lockt ab April als Storchendorf (Storchenfest 1. Aug.-Wochenende).

Oranienburg ⑤

Stadt (29 000 Einw.) im Kreis Oberhavel.
Sehenswert: Das Schloß (1651–55 als Wasserschloß errichtet, 1688–1709 erweitert) zählt zu den wichtigen Zeugnissen barocker Baukunst der Mark Brandenburg (z.Zt. 1999 Sanierung, Tel. 03301/600).
Gedenkstätte: Das Konzentrationslager Sachsenhausen, Straße der Nationen 22 (April–Sept. 8.30–18, Okt.–März 8.30 bis 16.30, mo Ausstellungen geschl., Archiv u. Bibliothek di–fr 9–15.30 Uhr).
Umgebung: Aus *Velten* (10 600 Einw.; 11 km südl.), wo 1835 die Ofenkachelindustrie gegründet wurde, kam um 1900 jeder zweite Berliner Kachelofen; 1914 gab es 34 Ofenfabriken mit 162 Öfen und über 2000 Beschäftigten. Jetzt ist deren Geschichte im Ofenmuseum, Wilhelmstr. 32, zu besichtigen (mi–fr 11–17, sa/so 13–17 Uhr). In *Marwitz* (14 km südl.) kann man die Hedwig-Bollhagen-Manufaktur besuchen (letzter Mi im Monat 13 Uhr). Die Grande Dame der Keramik, einfachen Formen und Mustern verpflichtet, wurde schon auf der Pariser Weltausstellung 1937 ausgezeichnet; Verkaufsausstellung, Triftstr. 60 (mi 9–17 u. sa 10–14 Uhr.
Im *Schwanter Forst* (13 km westl.) steht der ›Berliner Reichstag‹, von einem Rittergutsbesitzer mit dem Namen Richard Sommer 1897 eingeweiht. Der Hobbyarchitekt hatte sich auch ein ›Rotes Rathaus‹ für ein Wasserreservoir bauen lassen. In *Kremmen* (16 km westl.) mit der Feldsteinkirche St. Marien (15. Jh.) birgt das Scheunenviertel vor der Stadt Trödel- und Antiquitätengeschäfte.
❶ Tourist-Information, Lehnitzstr. 21c, 16515 Oranienburg, Tel. 03301/704833.

Maßstab 1:250.000
0 2,5 5 7,5 10 12,5km

Eine wunderschöne Kulisse für sommerliche Konzerte bietet die Klosterruine Chorin.

Ziele: Oder-Havel-Kanal und Schorfheide

Der Reichtum der Uckermark sind die fast unendlichen Wälder des Biosphärenreservats Schorfheide. Nördlich von Eberswalde quert der Oder-Havel-Kanal die Landschaft. Zum ›Fahrstuhlspektakel‹ am Schiffshebewerk Niederfinow kommen alljährlich 350 000 Menschen. Nicht ganz so viele lassen sich jeden Sommer von klassischer Musik in der Klosterruine Chorin verzaubern.

△ Am Prenzlauer Tor in Templin beginnt die 1785 Meter lange Stadtmauer

△ Templins Rathausturm mit einem preußischen Adler auf der Spitze

△ Wiederaufgebaut wurde der Kreuzgang des Klosters in Zehdenick

Seenlandschaft beim ›Ökodorf‹ Brodowin ▽

△ Alte Fachwerkhäuser säumen Templins Rühlstraße

Versteckt unterhalb des Oberueckersees liegt der Kunsthof Stegelitz ▽

Ist es das mittelalterliche Gepräge von Templin mit seiner Stadtmauer, ihren Toren und Wiekhäusern, das so viele Künstler in ihren Bann gezogen hat? Oder die herrliche Lage der Stadt inmitten kaum zu zählender Seen? Rund vierzig Ateliers und Galerien sind in der Uckermark zu finden. Die meisten von ihnen rund um die Kreisstadt.

Intakte Schorfheide

Die Uckermark ist heute ein armes Land. Zumindest dann, wenn man die Wälder und Seen, Schwarzstörche, Biber und Sumpfschildkröten, Orchideen, Trollblumen und seltenen Libellen in der Schorfheide nicht als Reichtum ansieht.

Die Schorfheide ist nur darum so ein intaktes Stück Natur geblieben, weil die Begehrlichkeiten der Mächtigen alle Zeit Ansiedlungen und Industrie verhinderten. Hier ließen sich Kaiser und Kurfürsten, Nazis und SED-Genossen das Wild vor die Flinte treiben. Seit 1990 ist Mitteleuropas mit 1258 Quadratkilometern größtes zusammenhängendes Waldgebiet Biosphärenreservat. Nur 28 Menschen leben auf einem Quadratkilometer. Dünner besiedelt ist keine Gegend Deutschlands.

Das Jagdhaus Hubertusstock am Werbellinsee, 1849 als bayerisches Landhaus für Friedrich Wilhelm IV. errichtet, in den siebziger Jahren abgerissen und durch einen ähnlichen Neubau ersetzt, hat als Gästehaus der DDR-Regierung beispielsweise Fidel Castro, Franz Josef Strauß oder Helmut Schmidt beherbergt. Jetzt erweitert es seine Hotelkapazitäten.

High-Tech im Feldversuch

In der Kabine des Traktors zeigt ein Computer an, wieviel Dünger gestreut oder wie dicht gesät werden kann. Ein High-Tech-›Feldversuch‹ auf 14500 Hektar im Rahmen des Forschungsprojekts ›Naturschutz in der offenen, agrargenutzten Kulturlandschaft am Beispiel des Biosphärenreservats Schorfheide-Chorin‹. 22 Forschungseinrichtungen haben vier Jahre lang bis 1998 mit 41 landwirtschaftlichen Betrieben umweltgerechte Arbeitsmethoden für Landwirte entwickelt. Dabei muß die Produktionsweise nicht ra-

△ Wunderschöne Backsteingotik: Westfassade der Klosterkirche Chorin ... ... und das Mittelschiff ▽

△ Das Biosphärenreservat Schorfheide-Chorin steht seit 1990 unter Schutz

∆ Durch die Schleuse Eichhorst im Werbellinkanal ... ... geht es zum Werbellinsee mit dem Seglerhafen Altenhof am Ostufer ▽

dikal umgestellt werden, um einen gewissen Naturschutz zu ermöglichen: Am Ackerrand bleiben Schonstreifen erhalten, Streuobstbäume werden gepflanzt, Feldhecken dämmen Wind- und Wassererosion ein. Wo Kröten, Unken und Molche im Frühjahr zu den Feuchtgebieten zum Laichen wandern, wird zu der Zeit nicht gedüngt. Wo Rebhühner leben, wird nicht so dicht gesät, damit sie schneller Feinde erspähen.

Chorin: romantische Ruine

Einsam erhebt sich die romantische Ruine aus den Wäldern der Endmoränenlandschaft: Kloster Chorin. Die Weltenferne im schlichten Innenhof wird seit 1964 im Choriner Musiksommer an den Wochenenden von klassischen Klängen aufgehoben. Ehrfürchtig bewegen sich die Besucher in den 725 Jahre alten Mauern, den sicher schönsten der märkischen Backsteingotik.
Rosetten und schmale Spitzbogenblenden, die Ornamente der Kapitelle, das elegante Maßwerk der Fenster, Zackenfriese und krabbenbesetzte Türme – alles fügt sich harmonisch zueinander. Das Kloster war zunächst Haus- und Begräbniskloster des askanischen Markgrafen Johann I. Aber auch mit ihren Nachfolgern wußten die Mönche sich zu arrangieren, so daß ihnen, als das Kloster 1542 nach der Reformation aufgehoben wurde, fast die gesamte südliche Uckermark gehörte.

Finowkanal für Freizeitskipper

›Anneliese‹ ächzt und stöhnt. Sie ist ein 40 Meter langer Kahn und hundert Jahre alt, wurde damals schon von kräftigen Händen gestakt und streckenweise gezogen – von Pferden auf dem Uferweg. Das nennt man Treideln, jahrzehntelang üblich auf dem fast 32 Kilometer langen Finowkanal. Heute schiebt den Kahn ›Ihna‹, ein kleines Stoßboot mit 50-PS-Dieselmotor. Vier Stunden dauert die Fahrt zwischen Eberswalde und Niederfinow.
Rund dreißig Millionen Mark haben Bund, Land Brandenburg und Landkreis Barnim zusammengelegt, um die älteste Verbindung zwischen Havel und Oder wieder schiffbar zu machen und zu halten. Der Wasserweg wird von der Wirtschaftsschif-

△ Eine einladende Fußgängerzone ist Bernaus Bürgermeisterstraße

△ Die Forstakademie bestimmte seit 1830 Eberswaldes Entwicklung

△ Bernau: Hauptaltar (um 1520) in St. Marien

Eberswalde: Portalfiguren der Maria-Magdalena-Kirche ▽

Schiffshebewerk Niederfinow: in fünf Minuten vom Oderbruch hinauf zum Barnim-Plateau

fahrt nicht mehr benötigt und trotzdem erhalten: für die Freizeitskipper zur touristischen Entwicklung der Region.
Schon zwischen 1606 und 1620 wurde die kleine Finow schiffbar gemacht. Im Dreißigjährigen Krieg jedoch ist der Kanal zerstört worden. Friedrich II. hatte 1743 einen Neubau mit 17 Schleusen angeordnet, um Holz und Kies zum Aufbau-West, also in die Preußen-Metropolen, zu bringen. Durch den 1914 eröffneten parallelen Oder-Havel-Kanal mit nur fünf Schleusen, auf dem 600-Tonnen-Schiffe fahren konnten, verlor der Finowkanal seine Bedeutung.

Schiffshebewerk Niederfinow

Oft tagelange Wartezeiten forderte aber immer noch die Überwindung der Schleusentreppe mit vier Staustufen bei Niederfinow. 36 Meter Höhenunterschied zum Oderbruch waren zu überwinden. Seit dem 21. März 1934 gibt es hier ein Schiffshebewerk: In nur fünf Minuten hebt oder senkt ein Riesentrog, selbst 4290 Tonnen schwer, von vier 75-PS-Motoren angetrieben, Schiffe an 256 armdicken Drahtseilen 36 Meter hinauf und hinunter, von 192 Betongewichten an Seilen gehalten, die über 128 Scheiben von 3,50 Meter Durchmesser laufen.
Für heutige Ansprüche ist der historische Gigant, dessen Wartung vier Millionen Mark im Jahr kostet, zu klein. Bis 2025 soll für 400 Millionen Mark ein neuer, 115 Meter langer, 12,5 Meter breiter Fahrstuhl entstehen, damit auch moderne Schiffe die 150 Kilometer lange Havel-Oder-Wasserstraße befahren können.

Hussitenfest in Bernau

Hunderte kommen jeden Juni nach Bernau zum Hussitenfest. Es erinnert an den Sieg der Bernauer über die Anhänger des Papstgegners Jan Hus 1432. Mit heißem Brei und kochendem Wasser sollen die Einwohner damals ein Scharmützel für sich entschieden haben. Zu DDR-Zeiten war die jährliche Dankprozession zum Volksfest, dann zum einfachen Parkfest geworden. Jetzt sind auch wieder immer mehr Gäste aus dem tschechischen Tabor, dem ehemaligen Zentrum der Hussitenbewegung, dabei.

62
LYCHEN
TEMPLIN
ZEHDENICK
LIEBENWALDE
ORANIENBURG
Birkenwerder
Hohen Neuendorf
JOACHIMSTHAL
EBERSWALDE
BIESENTHAL
BERNAU
WERNEUCHEN
STRAUSBERG
GREIFFENBERG
ANGERMÜNDE
Biosphärenreservat
Schorf-heide
EBERSWALDER URSTROMTAL
BARNIM
Sperr-gebiet
Märkische Eiszeitstr.
Templin
Gollin
Milmersdorf
Gerswalde
Pinnow
Potzlow
Flieth
Fl.-Suckow
Fergitz
Warnitz
Gramzow
Pfingstberg
Wilmersdorf
Görlsdorf
Parlow
Glambeck
Althüttendorf
Groß Ziethen
Britz
Chorin
Liepe
Oderberg
Falkenberg
Niederfinow
Finowfurt
Marienwerder
Zerpenschleuse
Wandlitz
Basdorf
Ladeburg
Schönwalde
Zepernick
Lindenberg
Blumberg
Ahrensfelde
Schwanebeck
Buch
Mühlenbeck
Glienicke/Nordbahn
B.-Frohnau
B.-Hermsdorf
B.-Lübars
Heiligensee
B.-Tegel
Wittenau
Rosenthal
B.-Blankenburg
Malchow
B.-Karow
Birkholz
Seefeld
Löhme
Krummensee
Tiefensee
Leuenberg
Steinbeck
Prötzel
Sternebeck
Freudenberg
Heckelberg
Brunow
Trampe
Melchow
Danewitz
Rüdnitz
Lobetal
Lanke
Prenden
Klosterfelde
Zehlendorf
Friedrichsthal
Schmachtenhagen
Lehnitz
Kreuzbruch
Hammer
Gr.Schönebeck
Vogelsang
Burgwall
Marienthal
Storkow
Vietmannsdorf
Groß Dölln
Kurtschlag
Krewelin
Mildenberg
Badingen
Bergsdorf
Falkenthal
Liebenberg
Fürstenberg
Kappe
Wesendorf
Hubertusstock
Werbellinsee
Altenhof
Joachimsthal
Ringenwalde
Friedrichswalde
Herzsprung
Welsow
Kerkow
Bölkendorf
Brodowin
Serwest
Schmargendorf
Wolletz
Tornow
Barsdorf
Röddelin
Beutel
Densow
Gandenitz
Petznick
Hassleben
Herzfelde
Hammelspring
Klosterwalde
Knehden
Sternthal
Kuhz
Blankenburg
Seehausen
Meichow
Zichow
Fredersdorf
Polßen
Schmiedeberg
Gunterberg
Bruchhagen
Grünheide
E 28
E 55
A 11
A 10
109
198
167
273
158
2
29
61
21
3
22
16
24
4
5
9
12
30
38
15
6
23
13
7
8
1
Sperr-gebiet
Oder
Grüntaler Heide
Sydower Fließ
Breydin
Hohenfinow
Oderberg
Freienwalde
Altkietz

Wo gibt es was?

Fähnchennummer = Textnummer ❶ = Auskunft

Templin ①

Die zwischen Seen gelegene Kreisstadt gilt als ›Perle der Uckermark‹. 1996 stieß man auf eine Thermalquelle. Eine Naturtherme wird Ende 1999 eröffnet.

Sehenswert ist die Stadtmauer (13. Jh.) mit 48 Wiekhäusern, 3 Toren, 2 Türmen (Rundgang 1 Std.). Den Markt rahmen alte Häuser und das Rathaus (18. Jh.). Alles Sehenswerte hat Schautafeln zur Geschichte.

Museen: Das Uckermärkische Volkskundemuseum, Prenzlauer Tor, zeigt Ausstellungen über das Forstwesen, die Waldnutzung, Schiffahrt, Flößerei und Templiner Stadtgeschichte. Das Naturkundemuseum, Berliner Tor, informiert über das Biosphärenreservat Schorfheide-Chorin und den Naturpark Uckermärkische Seen (beide Museen: di–fr 9–12 u. 13–17, sa/so 13–17, Okt.–April bis 16 Uhr). In der Volkskunststube, Mühlentor, kann man Webern und Schnitzern zusehen (Anm. FVV).

Aktivitäten: Baden im Strandbad am Templiner Stadtsee, Prenzlauer Allee, mit Surf-, Tauch-, Segel- und Motorbootschule; Baden am Gleuensee, Fährsee, Zaarsee, Röddelinsee, Lübbesee; Bootsverleih im Strandbad Templin, am Eichwerder, am Lübbesee; Dampferfahrten auf dem Templiner Stadtsee, Lübbesee; Angelkarten im FVV und der Fisch GmbH Templin; Reiten; Kremserfahrten; Radverleih; Draisinenfahrten (wie Fahrradfahren auf Schienen) auf einer stillgelegten Bahnstrecke (30 km) von Templin (gerade Tage), Fürstenberg (ungerade Tage) mit Rastplätzen, Besichtigungen etc. (Sommer sa/so früh ausgebucht, Reservierung über FVV Templin).

Umgebung: Ein ›Künstlerpfad‹ (Faltblatt) führt zu Ateliers der Umgebung, Kulturlandschaft Uckermark e.V., 16278 Greiffenberg, Kirchstr. 11, Tel. 033334/84990. Von Kloster (1230 gegr., 1801 abgebrannt) *Zehdenick* (20 km südl.) sind Reste, u.a. der nördliche Kreuzgangflügel, erhalten.

❶ Fremdenverkehrsverein Templin e.V., Obere Mühlenstr. 11, 17268 Templin, Tel. 03987/2631.

Groß Schönebeck ②

Der Ort liegt im Südwesten des Biosphärenreservats Schorfheide-Chorin.

Sehenswert: Im Wildtierpark Schorfheide (90 ha), Prenzlauer Straße (über B 109), gibt es u.a. Wollschweine, Elche, Wölfe, Wisente, Auerochsen, Przewalski-Urwildpferde (tgl. ab 10 Uhr). Im Naturschutzgebiet Pinnowseen (über Groß Schönebecker Damm) sind Vögel zu beobachten.

Museum: Das Schorfheide-Museum im einst königlichen Jagdschloß, Schloßstr. 6, informiert über Flora, Fauna u. Geschichte (Mai–Okt. mi–so 10–17, sonst 10–16 Uhr).

Aktivitäten: Am westl. Ortsausgang beginnt rechts ein Waldweg, der nach 2 km zu einem Pfad links an einem Zaun entlang führt und zum Weißen See, in dem man baden kann (4 km westl.); per Rad über Joachimsthaler Straße und Groß Schönebecker Damm zum Grimnitzsee zum Baden (15 km nordöstl.). Töpferkurs und Verkauf in der Töpferei Petra Wessel, Buchfinkenweg 4, Ortsteil Böh (tgl. 10–18 Uhr, Tel. 033393/495).

❶ Schorfheider Fremdenverkehrsbüro, Rosenbecker Str. 1a, 16348 Groß Schönebeck, Tel. 033393/65777.

Blumberger Mühle ③

Das Informationszentrum des Naturschutzbundes Blumberger Mühle praktiziert moderne Umweltpädagogik: Ein Baum erzählt sein Leben, im Ruderboot sitzend, erfährt man viel über den Wasserhaushalt der Erde, eine Videoübertragung zeigt auf einem Großbildschirm ein 1000 m entfernt wohnendes Fischadlerpaar (Mai–Aug. so–fr 9–18, sa 9–20, Sept.–April tgl. 9–17 Uhr, Tel. 03331/26040).

Kloster Chorin ④

Das Tochterkloster Lehnins wurde 1258 auf der Insel Pehlitzwerder im nahen Parsteiner See als Kloster Mariensee gegründet. 1273 wurde das Zisterzienserkloster ins verkehrsgünstigere Chorin verlegt, 1542 aufgehoben, landwirtschaftlich und als Steinbruch genutzt. Etwa drei Viertel der Klausuranlagen sind noch erhalten; sie gelten als Meisterwerk der Backsteingotik (Besichtigung tgl. 9–18, Nov.–April 9–16 Uhr, Führungen n.V., Tel. 033366/70377).

Aktivitäten: Amtssee-Wanderung (3 km), unbewachte Badestelle am Südufer.

Veranstaltung: Choriner Musiksommer (Juni–Aug.; Geschäftsstelle: Schicklerstr. 5, 16225 Eberswalde, Tel. 03334/657310).

Umgebung: Im ›Ökodorf‹ *Brodowin* (4 km nordöstl.) Verkauf von Bioprodukten: u.a. Milcherzeugnisse, Obst und Gemüse.

Eberswalde ⑤

Die Stadt (ca. 48 000 Einw.) am Finowkanal ist auch ›märkisches Wuppertal‹ genannt worden. Eisen- und Kupferhammer (15./16. Jh.), dann eine Eisenhütte (17. Jh.), Messingwerk (mit Wasserturm in Finow) und Eisenspalterei machten sie zum bedeutenden Industriestandort. 1945 wurde fast die ganze Innenstadt zerstört.

Sehenswert: Bemerkenswerte Backsteingotik zeigt die Kapelle des St.-Georg-Hospitals (um 1300) am nördl. Ortsausgang. Den Marktplatz an der Breiten Straße säumen die Löwenapotheke (1703–42), errichtet vom damaligen Bürgermeister, dem französischen Reformisten Moises Aureillon, Altes Rathaus (1775), erbaut als Wohnhaus eines Tuchfabrikanten, Neues Rathaus (1905) mit den Portalbüsten der Stadtgründer, der askanischen Markgrafen Johann I. und Waldemar. Die gotische Maria-Magdalena-Kirche wurde um 1260 romanisch begonnen. Terrakottafiguren (13. Jh.) zieren die Portale. Im Dreißigjährigen Krieg war hier Schwedenkönig Gustav Adolf II. (18.–20. Dez. 1632) aufgebahrt. Der Forstbotanische Garten (8 ha), Am Zainhammer, birgt exotische Gewächse (April–Okt. tgl. 9–18, Nov.–März 9–15.30 Uhr). Der Zoo, Am Wasserfall, im Naturschutzgebiet, ist ein naturnahes Freigehege mit 120 Tierarten (tgl. 9 Uhr bis Einbruch der Dämmerung).

Museum: Die Adlerapotheke (1663) ist heute Museum, Steinstr. 3, mit regionalgeschichtlicher Ausstellung und der Nachbildung des wohl bedeutendsten Goldfundes Deutschlands. 1945 verschwunden, wurden 1994 die 81 Teile des Goldschatzes in Moskau wiederentdeckt (tgl. 10–17 Uhr, fei geschl.).

Aktivitäten: Rundwanderweg (10 km) vom Markt, am Forstbotanischen Garten vorbei durch das Landschaftsschutzgebiet Unteres Schwärzetal. Radwandertour (30 km) von der Stadtschleuse auf dem alten Treidelweg zum Schiffshebewerk *Niederfinow* (10 km östl.; begehbar tgl. 9–18 Uhr). Fahrt auf dem Finowkanal ab Stadtschleuse (Sommer sa/so 9 u. 14 Uhr). Schleusenfahrten zum Schiffshebewerk Niederfinow vom Parkplatz Obere Schleusentreppe (Tel. 03334/24405).

❶ Fremdenverkehrsinformation, Adlerapotheke, Steinstr. 3, 16225 Eberswalde, Tel. 03334/64520.

Bernau ⑥

Bernau liegt im wald- und seenreichen Barnim, einer Landschaft zwischen Berliner und Eberswalder Urstromtal, die durch ihre höhere Lage (40–150 m) gegenüber den Niederungen hervortritt. Das Städtchen soll Markgraf Albrecht der Bär um 1140 gegründet haben. Zu Wohlstand kam es im Mittelalter durch Tuchmacherei und Brauereien, die bis nach Pommern exportierten.

Sehenswert: Die 1500 m lange, teilweise 7–8 m hohe Stadtmauer (14. Jh.) ist gut erhalten. Steintor (15. Jh.) und Hungerturm (15. Jh.) sind durch Wehrgänge verbunden. Die spätgotische Marienkirche birgt einen aufwendigen Flügelaltar (um 1520) aus der Cranach-Werkstatt.

Museen: Das Heimatmuseum im Steintor, Berliner Straße, zeigt Waffen und Bernauer Handwerk (Mai–Okt. di–fr 9–12 u. 14–17, sa/so 10–13 u. 14–17 Uhr). Im Keller vom Henkershaus, Am Henkerhaus 1, wird noch gebrauchstüchtiges Folterwerkzeug aus dem Mittelalter gezeigt (di–fr 9–12 u. 13–17, sa/so 10–13 u. 14–17 Uhr).

Veranstaltung: Hussitenfest (Juni).

❶ Fremdenverkehrsamt, Bürgermeisterstr. 4, 16321 Bernau, Tel. 03338/761919.

Maßstab 1:250.000 (0 – 2,5 – 5 – 7,5 – 10 – 12,5 km)

Kaffeegarten mit Ausblick: Am Fährhaus von Caputh legt die Seilfähre ab über das Gemünde, Verbindung zwischen Templiner See und Schwielowsee.

Das Havelland um Werder, ein Obstgarten

Nirgends ist die Havel so schön wie in Potsdams Westen. Sie schlängelt sich durch sanfte Hügel, bleibt da und dort eine Weile liegen, als ob sie sich nicht von den Spiegelbildern der abwechslungsreichen Landschaft mit den Schlössern von Petzow und Caputh, der Stüler-Kirche in Werder, der Fülle blühender Obstbäume und Schilfsäume trennen wollte. Aber sie ist auch hier Arbeitsfluß gewesen, wie man im Ziegeleimuseum Glindow erfährt. Ein Meisterwerk der Backsteinarchitektur ist das Kloster Lehnin.

△ Zur Baumblüte ist das Land um Werder ein Blütenmeer

Laß das man den Großvater machen ... ▽

Werders Zweiradmuseum hat immer Saison ▽

Wenn Tausende im Mai zum Baumblütenfest nach Werder kommen, erwarten sie neben Obst und Wein auch Karussells und Musik ▽

Aale, Zander, Hechte, Barsche – in der Havel wie hier bei Werder lohnt das Angeln ▽

Vom Auto aus währt der schöne Blick auf Werder nur einen Moment. Wie ein Damm führt die Bundesstraße 1 immer am Wasser entlang: Schwielowsee, Glindower See, Großer Zernsee, Großer Plessower See. Die Sonne läßt hinter dem Ausflugsdampfer die Spitzen der kurzen Wellen blitzen, weiße Segel, sanft gebläht, ziehen dahin. Verschwenderisch verteilt die Havel sich inmitten uralter Endmoränen, lockt sie mit kühlem Blau zwischen Hügeln, klein und kompakt wie Berge, 83 Meter hoch, 114 Meter, gelegentlich steil, mit Kiefern bestanden.

Werder mitten im Havelland

Wer aus dem Park Sanssouci kommt, dem märkischen Sand in schönster Manier abgerungen, mag den königlichen Stargärtner Lenné nun für ein geschicktes Schlitzohr halten. Unbekümmerter, wilder setzt sich fort, was wohlgeordnet in Potsdam zu besichtigen war. Oder hat der Gartenkünstler nur verlängert, was er an der Havel vorfand?

So ist es nicht: Die Inszenierung nimmt kein Ende. Städtchen wie Dörfer sind Teile einer Kulturlandschaft, die von der Nähe zu Potsdam profitierten. Werders Kirche hat Friedrich August Stüler Mitte des 19. Jahrhunderts entworfen. Allerdings hatten schon Lehnins Zisterziensermönche um 1250 auf dem höchsten Teil der Insel ein Gotteshaus bauen lassen, als das Städtchen nur aus diesem Eiland – nichts anderes bedeutet der Name – bestand.

Erst im 17. Jahrhundert wurde eine Brücke gebaut, die Werder mit dem westlichen Havelufer verband. Eine Karte von 1680 zeigt nur ein Haus auf dem Festland und die Richtstätte auf dem Galgenberg, der wieder Bismarckhöhe heißt.

Der Ort gab Christian Morgensterns ›Galgenliedern‹ den Titel. Wohl bei einem Ausflug in feucht-fröhlicher Runde gründete der seit 1894 in Berlin lebende Dichter hier mit Freunden den Bund der Galgenbrüder.

Vom Wein- zum Obstbau

Fontane fand die Werderschen ›hart, zäh und fleißig, allem Neuen und Fremden abgeneigt‹. Es mag ihnen nicht leichtgefallen sein,

△ Beim Schloß Petzow erstreckt sich der Glindower See zum Baden, Rudern, Segeln und Wandern

△ Schloß Petzow soll ein edles Hotel werden

Auch Fahrgastschiffe kreuzen die scheinbar unendliche Havellandschaft zwischen Potsdam und Werder ▽

vom Weinbau, den im Mittelalter Zisterziensermönche mit Rebstöcken aus Frankreich begründeten, auf Wunsch des Kurfürsten Friedrich Wilhelm auf Obstbau umzustellen. Nach fast zwei Jahrhunderten war der Werdersche Riesling nicht mehr gefragt, das Transportwesen soweit entwickelt, daß man in Berlin Wein von Rhein und Mosel trank.
Als gegen Mitte des 19. Jahrhunderts Werder der Obstgarten der wachsenden Städte geworden war, reichten die Plantagen bis Petzow und Glindow. Mit Esel- und Pferdegespannen und auf Karren aller Art brachte man Äpfel, Birnen, Kirschen, Pflaumen, Pfirsiche, Himbeeren, Stachelbeeren, Aprikosen, Johannisbeeren in die Städte.

◁ Glindow: Tonskulpturen eines Künstlersymposions von 1995 zieren das Gelände der Ziegelei

Geltow hat eine Handweberei ▽

Jedem Bürger einen Apfelbaum

Die Vielfalt verschwand mit der DDR. Deren Devise ›Für jeden DDR-Bürger einen Apfelbaum‹ erzwang Monokulturen. 17 Millionen Apfelbäume blühten auf 7000 Hektar, als das Regime abgewirtschaftet hatte. Doch was da reifte, hatte kaum EU-Marktwert. Jetzt galten Normen, die die Bäume nicht erfüllten. Es wurde abgeholzt und aufgeforstet, neue Vielfalt konnte nicht entstehen. Die Monokultur hatte auch historische Sorten beseitigt.
Nur hier und da gibt es sie noch, wie am Ende der Fischerstraße, der längsten Straße auf der Inselstadt, wo sich an einem alten Baum neue Triebe bilden, ›Ribstons Pepping‹. Eine Birne, ›Bergamotte‹, 200 Jahre alt, steht vor der Fischerstraße 29. Auch von 30 lokalen Süßkirschensorten sind wenige übriggeblieben. Aber schon wird an der Wiederherstellung der typisch Werderschen Kulturlandschaft gearbeitet. Zur Bundesgartenschau in Potsdam 2001 soll ein 200 Jahre alter Obstzüchterhof einen Schau- und Lehrgarten erhalten.

Industrielandschaft Glindow

Entstanden in aufgelassenen Ton-Tagebau-Arealen sind die Glindower Alpen. Begibt man sich in die bewaldtete ›Hügellandschaft‹, die heute sogar Wanderwege durchziehen, macht man eine Zeitreise in eine alte Industrielandschaft. Bis zur Wende wurden in Glindow Blumentöpfe in riesigen, über hundert Jahre

△ Obstkistenbühne heißt das musikalische Kleinkunst-Theater in Ferch

Noch romanisch ist der Chor, bereits frühgotisch das Schiff der ehemaligen Klosterkirche Lehnin ▽

△ Taufengel in der Fischerkirche von Ferch

Caputh: Fähre mit Fährhaus ▽

◁ Zu besonderen Anlässen wird in Emstals altem Dorfbackofen die Glut entfacht Stiftung Markgraf Ottos I.: Kloster Lehnin ▽

alten Ringöfen gebrannt. Noch heute werden Ziegel geformt, passend in Farbe und Form für Baudenkmäler überall in Deutschland. Aber der Mangel an öffentlichen Geldern ist keine gute Zeit für solche Unternehmen. Verblüffend lehrreich ist ein Besuch der Ziegelei. Danach sieht man sich schon im nächsten Dorf als Kenner: Gelb bis grünlich ist der Ton aus Glindow, rot der aus Rathenow.

Zauberhafter Schwielowsee

Auf dem Plateau des Grellebergs erhebt sich Petzows einschiffige neuromanische Backsteinkirche. Vom Eingang erblickt man durch die Bäume wieder Wasser: den Schwielowsee – sechs Kilometer lang und zwei Kilometer breit. 94 Stufen führen auf den Turm. Welch zauberhafte Landschaft liegt einem zu Füßen. Nicht nur Landschaft, auch ein Park, den Peter Joseph Lenné 1820 in bewährter Weise gestaltete. Über einen Weg gelangt man ans Ufer, vorbei an Schilf und Akelei, summenden Bienen und glucksenden Fröschen. Man spaziert zum Anleger oder folgt den Kindern, die zur kleinen Badestelle gehen und sich nach dem Schwimmen die Münder mit Brombeeren vollstopfen.

Neue Pläne für Schloß Petzow

Gelbgetünchte Mauern, Zinnen, ein Schloß? Ein Herrenhaus, gebaut um 1820 von Stüler, wohl nach einem Entwurf Schinkels, gerät in den Blick. Petzow, im Besitz des Zisterzienserklosters Lehnin, nach der Säkularisation an die Familie Kaehne verkauft, wurde im 19. Jahrhundert zum ansehnlichen Dorf. Kaehne hatte sich 1753 eine Ziegelei bauen lassen. Die Geschäfte gingen gut, da konnte man sich Stüler und Lenné leisten. Das belohnte König Friedrich Wilhelm IV., indem er die Familie 1840 in den Adelsstand erhob.

Heute bröckelt der Putz vom Bau, der Fontane so gar nicht in die Landschaft zu passen schien, und der sich nicht zwischen Kastell und Tudorschloß entscheiden mag. Der Gast, der auf sein Essen wartet, kann sich in der Speisekarte über die Pläne des neuen Besitzers vom Chiemsee informieren: der will ein Vier-Sterne-Hotel im Schloß-Ambiente.

△ Die kleine Dorfkirche von 1722 in Ribbeck besitzt eine einheitliche Ausstattung vom Ende des 19. Jahrhunderts

△ Seit 1840steht die Bockwindmühle am Ortseingang von Paretz

△ Gotisierendes Schmuckstück: Dorfkirche in Paretz

Kunstvoll gestaltet: Tor zum Borsig-Gut in Groß Behnitz ▽

△ Dominant im Stadtbild von Nauen ist das Rathaus

Aus der Ketziner Wasserlandschaft führt manchmal nur die Fähre ▽

Ferch, die alte Sommerfrische

Heute ein Geheimtip ist die historische Berliner Sommerfrische Ferch. Von der schmalen Straße – man weicht Entgegenkommenden auf Sandstreifen aus – sieht man nichts. Wieder ein Ort zwischen Hügeln, der zu Fuß entdeckt sein will, von der Uferpromenade, von stillen Plätzen, an denen man Kiebitze hört und Reiher sieht. Sand, fein wie an der Ostsee, Holzbrücken, die über mooriges Gelände führen, ein Platz, um auf Sonnenuntergänge zu warten.

Caputh am anderen Seeufer

Caputh, was ›Huf‹ bedeutet und wohl die Form des Ortes bezeichnete, breitet sich bis zum Templiner See hin aus. Schiffswerften gab es in der Gründerzeit, eine Flotte mit 95 Zillen, Frachtkähnen, um Ziegelsteine von Glindow in die Hauptstadt zu transportieren. Wein und Obst wurden angebaut, irgendwann entdeckten Künstler den Ort für sich. Am Krähenberg entstand die Villenkolonie Friedrichshöhe.
Hinter Bäumen am Templiner See versteckt sich die Dorfkirche, im 19. Jahrhundert wie eine italienische Basilika erbaut. Das Barockschloß, der einzige erhaltene Schloßbau des Großen Kurfürsten in der Potsdamer Kulturlandschaft, besitzt in seinem Fliesensaal mit mehr als 7000 blauweißen holländischen Fayencefliesen ein Kleinod ganz besonderer Güte.

Herr von Ribbeck auf Ribbeck

Malerisch in einer Senke liegt der winzige Ort, nur 420 Einwohner, mit dem bekannten Namen. Die Besucher Ribbecks suchen an der B 5 den Birnbaum des Herrn von Ribbeck auf Ribbeck im Havelland, wie ihn Fontane beschrieb. Da steht er, an der Kirche, klein und neu: die ›dritte Generation‹.
Auf dem kleinen Privatfriedhof der Ribbecks hinter ihrem 1821 erbauten Gutshaus, das heute Altersheim ist, stehen fünf weiße Steinkreuze mit verblichenen Buchstaben. Auf dem Dorfplatz gackern Hühner. In der Kirche wird für die Sanierung des Gotteshauses Kaffee und Kuchen gegen kleine Spenden abgegeben. Man kann Fontanes Gedicht kaufen und Birnenmarmelade.

108
62
96
Damme
Liepe
Retzow
Möthlow
Ribbeck
Berge
Lietzow
Utershorst
Falkensee
Brieselang
NAUEN
Bredow
Markee
Buckow b. Nennhausen
Buschow
Gr.B.-Sandkrug
Groß Behnitz
Gr.B.-Quermathen
Heineberg
Klein Behnitz
Garlitz
Barnewitz
B.-Linde
N.-Schwanebeck
M.-Röthehof
Wu.-Niederhof
Wu.-Wernitz
Wustermark
Zeestow
M.-Neugarten
Wu.-Dyrotz
Dallgow-Döberitz
Elstal
HAVELLAND
P.-Riewend
W.-Gohlitz
W.-Niebede
Wachow
Tremmen
Etzin
Hoppenrade
Buchow-Karpzow
G.-Kieck
Marzahne
Gortz
Pl.-Bagow
P.-Bollmannsruh
Päwesin
Deutsche Alleenstr.
Ketzür
Lünow
Butzow
Radewege
L.-Grabow
Zachow
Falkenrehde
Paaren
Priort
Sperrgebiet
Kartzow
Satzkorn
Fahrland
Marquardt
Krampnitz
Groß Glienicke
R.-Radewege Siedlung
B.-Mötzow
Weseram
Roskow
Z.-Gutenpaaren
K.-Schumacher Siedlung
KETZIN
K.-Paretz
Uetz-Paaren
Bricelow
Butterlake
Fuchsbruch
Saaringen
Deetz
Schmergow
T.-Göttin
T.-Neu Töplitz
Töplitz
T.-Leest
Neu Fahrland
BRANDENBURG a.d. Havel
Br.-Klein Kreutz
Götz
Gollwitz
Wust
Krielow
Phöben
P.-Grube
Bornim
P.-Nedlitz
P.-Sacrow
Groß Kreutz
Derwitz
Kemnitz
Golm
Eiche
Sanssouci
Jeserig
J.-Siedlung
B.-Bruch
Pl.-Plessow
Pl.-Neuplötzin
WERDER
Wildpark West
POTSDAM
P.-Babelsberg
P.-Waldstadt
Schenkenberg
Br.-Schmerzke
Bochow
Wilhelmsdorf
Br.-Göttin
Rietz
Trechwitz
B.-Neu Bochow
Damsdorf
Göhlsdorf
Plötzin
Glindow
Geltow
C.-Klein Wentorf
Caputh
Wilhelmshorst
Bergholz-Rehbrücke
Reckahn
Prützke
Netzen
Grebs
Nahmitz
Lehnin
Bliesendorf
Gl.-Elisabethhöhe
W.-Petzow
F.-Mittelbusch
C.-Flottstelle
Michendorf
Saarmund
Krahne
R.-Meßdunk
L.-Kaltenhausen
Michelsdorf
F.-Kammerode
F.-Neue Scheune
Ferch
Langerwisch
G.-Grüneiche
G.-Pernitz
G.-Lucksfließ
Oberjünne
Emstal
Rädel
Bu.-Kanin
Bu.-Klaistow
S.S.-Neuseddin
W.-Siedlung Bergheide
Seddiner See
Wildenbruch
Golzow
Busendorf
Fichtenwalde
Borkwalde
B.-Beelitz Heilstätten
S.S.-Seddin
Kähnsdorf
Fresdorf
Cammer
D.-Fr.-Theerofen
Sperrgebiet
Zauche
Ragösen
Dameland
Stücken
Schlunkendorf
R.-Bullenberg
Klein Briesen
Belziger Landschaftswiesen
Freienthal
Borkheide
BEELITZ
B.-Schönefeld
Dippmannsdorf
Reesdorf
Zauchwitz
Tr.-Stangenhagen
B.-Weitzgrund
Lütte
Brück-Neubau
Neuendorf b. Brück
Schäpe
Elsholz
Rieben
Räuberbg
Fredersdorf
BRÜCK
Br.-Stromtal
Alt Bork
Sa.-Birkhorst
Salzbrunn
Wittbrietzen
Schwanebeck
Baitz
Br.-Trebitz
Br.-Rottstock
Buchholzer Mühle
Br.-Gömnigk
Deutsch Bork
Lübnitz
B.-Waldsiedlung
Wiesenau
Lüsse
Neschholz
Linthe
Brachwitz
Buchholz b. Beelitz
Lühsdorf
N.U.-Dobbrikow
N.U.-Nettgendorf
N.U.-Berkenbrück
Hagelberg
Kuhlowitz
L.-Ziezow
Schlalach
Niebel
N.U.-Kemnitz
Klein Glien
BELZIG
Ku.-Preußnitz
Locktow
Nie.-Jeserig
Nichel
Niebelhorst
N.U.-Zülichendorf
L.-Gottsdorf
L.-Frankenfelde
Borne
Mörz
Bergholz
Kranepuhl
Dahnsdorf
H.G.-Grabow
Niederwerbig
Tr.-Berliner Siedlung
TREUENBRIETZEN
LUCKENWALDE

Wo gibt es was?

Fähnchennummer = Textnummer ℹ = Auskunft

Nauen ①

Das beachtlich modernisierte Ackerbürgerstädtchen liegt an der B 5.
Sehenswert: Dominante im Stadtbild sind das Backsteinrathaus (1890) und die spätgotische Backstein-Hallenkirche St. Jakobi (1873/74 umgebaut). Das Funkamt sendet seit 1906 (Vorträge und Führungen informieren vom Nauener Zeitzeichen bis zur Deutschen Welle, Tel. 03321/4040).
Museum: Im städtischen Museum neben dem Rathaus Kultur- und Stadtgeschichte Nauens (mi–sa, 1. u. 3. So 13.10–16 Uhr).
Veranstaltung: Nauener Musikherbst, Klassik-Konzerte in St. Jakobi u. im Kultur- und Bildungszentrum Haus Gartenstraße.
Umgebung: In *Ribbeck* (9 km westl.) steht der von Fontane beschriebene Birnbaum in ›dritter Generation‹ an der Kirche (1722). In *Groß Behnitz* (8 km südwestl.) liegt das von Albert Borsig 1866 erworbene barocke Gutsschloß hinter imposantem Tor.
ℹ Fremdenverkehrsverband Havelland, Goethestr. 59/60, 14641 Nauen, Tel. 03321/403109.

Ketzin ②

Das Städtchen an der Havel mit seinem Fischerviertel umgeben viele kleine Seen, manche nur von schmalen Dämmen getrennt, voller Zander, Plötzen und Hechte.
Aktivitäten: Naturstrandbad, Segeln.
Umgebung: Im Ortsteil *Paretz* steht noch eine alte Bockwindmühle. Den gesamten Ort mit Schloß und Kirche gestaltete einst David Gilly von 1796 bis 1803 für das Königspaar Luise und Friedrich Wilhelm III.
ℹ siehe Nauen.

Werder/Havel ③

Die Siedlung slawischer Fischer zwischen zwei Havelarmen, Obstanbau-Metropole zu DDR-Zeiten, erholt sich langsam vom schleichenden Verfall seit 1945. 1985 wurde in bescheidenem Maß der Weinanbau auf dem Wachtelberg wieder begonnen.
Sehenswert: Die Stadt ist der Arbeitsgemeinschaft ›Historische Stadtkerne‹ angeschlossen. Uferwege wurden für Spaziergänger wiederhergestellt; an der Uferpromenade findet man die Anlegestelle der Weißen Flotte und Fischgaststätten. Die Bockwindmühle in der Inselstadt auf dem Mühlenberg wurde 1985 in Klossa ab- und in achtjähriger Arbeit hier wiederaufgebaut, um Werders letzte, 1973 abgebrannte Mühle zu ersetzen (April–15. Okt. mi 9–16, so 13–17 Uhr).
Museum: Das Obstbaumuseum der Inselstadt, 1959 gegründet und einmalig in Deutschland, dokumentiert Entwicklung und Praxis des Wein- und Obstanbaus (April–15. Okt. mi 9–16, sa/so 13–17 Uhr). Eine restaurierte einstige Obstsammelstelle birgt ein Zweiradmuseum, Mielestr. 2, mit Drahteseln von den Anfängen bis 1949 und Motorrädern seit 1920 (April–Okt. mi–so 10–17, sonst sa/so 10–16 Uhr).
Veranstaltungen: Baumblütenfest (Ende April/Anf. Mai); Segelsommer, Kanu- und Ruderregatten sowie Surfveranstaltungen (Aug.); Mühlenfest (Aug.); Ernte- und Schützenfest (Sept.); Eisvergnügen (nach Wetterlage Jan. u. Febr.).
Aktivitäten: Apfelselbstpflücke (Anf. Sept. bis Mitte Okt.); Segelbootverleih am Zernsee; Ausflugsfahrten mit der Weißen Flotte; Angeln; im Winter Eisangeln, Eisstockschießen, Eishockey, Eissegeln, Piekschlittenrennen (nach Art der Fischer, die Schlitten mit eisenbewehrten Stöcken zu winterlichen Fanggründen stakten).
Umgebung: *Petzow*, seit 1929 eingemeindet, ist der südlichste Ort in Lennés ›Verschönerungsplan der Umgebung von Potsdam‹ von 1833. Das ›Schloß‹ (um 1820; Schinkel/Stüler) wird Hotel. Die Dorfkirche (1842; mietbar für Trauungen und Taufen) ist heute Kulturzentrum mit Aussichtsturm (April–Okt. fr 13–18, sa/so 11–18 Uhr).
ℹ Tourismusbüro Inselstadt, Kirchstr. 6–7, 14542 Werder/Havel, Tel. 03327/783374.

Glindow ④

Drei Kirschen über einem Ringofen zeigt das Wappen des 1317 als Glina (slawisch: Ton, Lehm) urkundlich genannten Ortes.
Geschichte: Ab 1452 zum Kloster Lehnin gehörig, wurden derzeit schon Ziegel gebrannt. Vor 150 Jahren erlangte Friedrich Eduard Hoffmann das Patent für seinen Ringofen, in dem das Feuer im Kreis getrieben wird, so daß Kammern mit unterschiedlichen Temperaturen entstehen. 32 Schornsteine notierte Fontane 1862.
Museum: Auf dem Gelände des Märkischen Ziegeleimuseums, Alpenstr. 47, stehen noch zwei alte Ringöfen (1868). Einer ist original erhalten. Er wurde 1962 stillgelegt und verfiel, der andere 1967 rekonstruiert und in Betrieb genommen, erst zur Herstellung von Kohlepreßlingen, dann von Blumentöpfen. Seit 1990 produziert eine GmbH wieder Ziegel- und Formsteine für andere Denkmäler (März–Okt. mi–so 10–16 Uhr und n.V. Tel. 03327/45820).
Aktivitäten: Baden im Glindower See.
Veranstaltung: Wandertheater ›Ton und Kirschen‹ (Mai–Sept.).
Umgebung: *Geltow* (4 km östl.) hieß noch Geliti, als Otto III. es 993, erst 13jährig, seiner Tante Mathilde schenkte. Friedrich II. gab Gut Geltow dem Potsdamer Militärwaisenhaus zur Maulbeeranpflanzung für seine Seidenraupenzucht. Baumwoll- und Leinenstoffe entstehen heute auf bis 300 Jahre alten Webstühlen im Handweberei-Museum, Am Wasser 19 (di–so 11–17 Uhr). Klassische und extravagante Stücke gibt es im Laden; man kann sie auch anfertigen lassen (Tel. 03327/55272).

Caputh ⑤

Der Ort zieht sich über 3,5 km an Schwielow- und Templiner See entlang.
Sehenswert: Das kurfürstliche Schloß (1662, Umbau 1673) wurde restauriert (Mitte Mai–Mitte Okt. di–so 10–17, sonst sa/so/fei 10–16 Uhr). Aus gelbem Backstein ist die Dorfkirche (1852, Stüler). Nur drei Sommer konnte Albert Einstein sein von Konrad Wachsmann entworfenes Sommerhaus, Am Waldrand 15–17, genießen. 1933 emigrierte Einstein in die USA, wo er 1955 in Princeton starb. 1935 wurde das Haus von den Nazis konfisziert, später Gästehaus der Akademie der Wissenschaften der DDR. Die Erben stellten Antrag auf Rückübertragung (Führungen halbstdl. März–Nov. sa/so/fei 13–16 Uhr).
Umgebung: Um 1900 wurde *Ferch* (6 km südl.) mit hübscher Fachwerkkirche (1630) zum beliebten Ferienort am Schwielowsee.
Aktivitäten: Freibad am Templiner See in Caputh; Strandbad in Ferch.
Veranstaltungen: Caputher Musiken, Klassik und Jazz, in Dorfkirche und Park. ›Fercher Obstkistenbühne‹, musikalisches Kleinkunst-Freilichttheater, Dorfstr. 3a, für große und kleine Besucher (Sommer).
ℹ Fremdenverkehrsverein, Lindenstr. 56, 14548 Caputh, Tel. 033209/70886.

Lehnin ⑥

Kloster Lehnin ist jetzt Luise-Henrietten-Stift der ev. Kirche mit Altenzentrum, Krankenpflegeschule, Gästehaus im Abtshaus.
Geschichte: Das erste und bedeutendste Kloster der Mark Brandenburg hatte 1180 Markgraf Otto I. den Zisterziensermönchen gestiftet. Bis ins 16. Jh. gehörten ihm 64 Dörfer, Wälder und Felder, Wind- und Wassermühlen. Die Mönche kolonisierten das sumpfige Land, bauten Wein und Getreide an, trieben Viehzucht. Friedrich Wilhelm IV. regte nach einer Zeit des Verfalls Wiederaufbau und Restaurierung an.
Sehenswert: Die spätromanische Klosterkirche wurde um 1190 mit heimischen Backsteinziegeln begonnen (mo–sa 9 bis 17.30, so 11.30–17.30 Uhr, Führungen, auch in die historischen Gebäude, mo–sa 11, 14, 16, so 11.30, 14, 16 Uhr). Der Skulpturengarten, Am Klostersee 12 b, ist frei zugänglich (Juni–Sept. tgl. 10–18 Uhr).
Veranstaltungen: Sommermusiken in der Klosterkirche (Mai–Sept. Programm Tel. 03382/291); Kürbisfest (Sept.); in *Emstal* (4 km südöstl.) Brotbacken in alten Öfen (Karfreitag, Pfingst-Sa, So nach Pfingsten).
Aktivitäten: Forstliche Exkursionen (Oberförsterei Lehnin, Tel. 03382/310); Vogelschutzgebiet Rietzer See (Naturschutzstation zwischen Schenkenberg und Rietz); Reiten; Radtour Märkische Spargelstraße nach *Beelitz* (18 km südöstl.).
ℹ Tourismusverein, Friedensstr. 3, 14747 Lehnin, Tel. 03382/730717.

Maßstab 1:200.000 (0 2 4 6 8 10 km)

Wenn man die Rathenower Schleuse erreicht hat, sind Stadtmauer und Altstadt des Havelortes schon ganz nah.

Von Brandenburg Touren durchs Land

Viel Wasser umgibt die Wiege der Mark Brandenburg, die sich langsam und sichtlich von den Versäumnissen der Vergangenheit erholt. Der Dom ist schon gerettet. Der Hohe Fläming im Süden wartet mit interessanter Natur und noch ein paar Burgen auf. Im nördlichen Nennhausen bei Rathenow dagegen gab es vor fast 200 Jahren eine Oase der Berliner Romantiker. Heutige Naturfreaks und süchtige Vogelbeobachter brauchen viel Geduld, um eine der Großtrappen im Gebiet des nahen Buckow zu erspähen.

△ Jazztage … … und St. Katharinen in der Neustadt ▽

△ Brandenburg: Vor dem Altstädtischen Rathaus steht der Neustädter Roland

Heute Industriemuseum ist das Brandenburger Stahlwerk ▽

Brandenburgs Katharinenkirche: Meisterwerk der Backsteingotik mit barocker Orgel und Kanzel

Bonzo, die grünen Augen schreckensstarr, in bunt gestreiftem Shirt und schwarzer Turnhose mit Rallyestreifen, klammert die Arme um die Lenkstange seines blauen Gefährts mit roten Rädern. Alles aus Lineol, einer ›thermoplastischen Masse‹, von 1950 bis 1960 im VEB (volkseigenen Betrieb) Mechanische Spielwaren Brandenburg hergestellt und in hundertfacher Ausführung in die Kinderzimmer des Landes gerollt.

Ur- bis Industriegeschichte

Kinder kichern. Ihnen ist diese Abteilung des Museums im Frey-Haus die liebste. Erwachsene lassen sich eher von den Fahrrädern der Brennaborwerke der Gebrüder Reichstein faszinieren. Die gibt es seit 1945 nicht mehr, während Spielzeug bis 1990 produziert wurde. Störrisch spreizt in der archäologischen Abteilung ein Bronzepferdchen die Beine. Ist es überhaupt ein Pferd? Zwei Höcker könnten vermuten lassen, da wüchse ein junger Drache heran. Bei Ausgrabungen auf der Dominsel kam das Tierchen ans Licht, und man identifizierte es als Produkt des 11. Jahrhunderts. Aus derselben Zeit stammt der verzierte Steigbügel, der im nahen Pritzerbe gefunden wurde. Meißner Groschen sind zu sehen und das Schwert, mit dem Hans Hermann von Katte, des Kronprinzen Friedrich Freund und Fluchthelfer, 1730 enthauptet wurde. Im Gruftanbau der Dorfkirche von Wust wurde er begraben.

Frey – wie steuerfrei

Und noch mehr ist im Frey-Haus zu sehen, das der Besitzer der Blechspielwarenfabrik, Ernst Paul Lehmann, 1922 dem Historischen Verein zur Nutzung als Museum überließ. Orgeln und Spinette wurden hier schon fabriziert, sogar Filzschuhe und Christbaumschmuck. Ganz am Anfang – das war 1723 – wohnte in Brandenburgs einzigem bis heute guterhaltenen Barockensemble Oberst Jürgen Detlef von Massow. Er war Kommandeur der ›Langen Kerls‹ Friedrich Wilhelms I., denn das Königsregiment war von 1713 bis 1739 noch in Brandenburg stationiert. Friedrich II. hatte das Gebäude 1751 zum ›Frey-Haus‹ erklärt,

△ Die Stiftsgebäude neben der Turmfront des Brandenburger Doms entstanden 1869/71

△ Blick in Brandenburgs altehrwürdigen Dom

Mittelaltermarkt vor der Ruine des Pauliklosters ▽

△ Vom Mühlendamm fällt der Blick über die Havel auf die Dominsel

Heute Museum ist der Steintorturm in der Neustadt ▽

womit alle bürgerlichen Abgaben und Steuern entfielen. Damals stand das Haus noch in der Ritterstraße, die heute Hauptstraße heißt, und die muß man erst einmal finden in den drei mittelalterlichen Stadtteilen Altstadt, Neustadt und der Dominsel.

Anreise mit der Weißen Flotte

Gut beraten ist, wer mit dem Dampfer kommt. Dem Brandenburger wie dem Berliner ist alles Dampfer, was sich auf dem Wasser bewegt. Und der legt dort an, wo das Leben stattfindet, jedenfalls bis Ladenschluß. Man kann sich der Weißen Flotte anvertrauen, die in Potsdam startet, wird im Laufe der nächsten Stunden so profane Reiseformen wie Wanderungen verachten lernen und es endgültig besser wissen, wenn da einer von der ›Streusandbüchse Brandenburg‹ erzählen will. Denn er hat, wenn er das Schiff verläßt, stundenlang nichts als Wasser gesehen – blaues Wasser und grüne Felder und Graureiher. Ganz einsam war die Landschaft, die Havel verzweigte sich um Inseln und in Seitenarme vor endlosen Bruchwiesen. Mit der Schleuse beginnt die Zivilisation.

Brandenburgs Baudenkmäler

Die Straßenbahn bimmelt sich den Weg frei durch einen der intaktesten historischen Stadtkerne des Landes. Bewohnbare Baudenkmäler aus Barock, Renaissance und Gründerzeit säumen das Straßenraster aus dem Spätmittelalter. ›Klub der Solidarität‹ steht über dem Eiscafé. Über 100 Millionen Mark Fördermittel sind in acht Jahren in Straßen und Plätze des riesigen Sanierungsgebiets investiert worden. Von 1500 Grundstücken sind 360 bebaut oder saniert. Es bleibt noch viel zu tun, bis Brandenburg wieder eine der schönsten Städte der Mark ist. Allein 90 Millionen sind für die Rettung des Doms und der dazugehörigen Gebäude veranschlagt: Bereits von 1962 bis 1965 hatte man die Fundamente vom Mittelschiff des Doms freigelegt und gesichert, der Baugrund hatte sich abgesenkt und Einsturz drohte. Dann wurde im Dachstuhl Hausschwamm entdeckt. Doch zur Sommermusik im Kreuzgang öffneten sich 1998 wieder die Pforten,

△ Schmucke historische Bürgerhäuser prägen das Zentrum von Belzig

△ Belzigs Burg Eisenhardt ist im August Schauplatz eines Mittelalter-Spektakels

△ Eine Baumallee: B 102 Die romanische Feldsteinkirche in Gollwitz ▽

noch vor dem großen Festgottesdienst zum 1050-jährigen Bestehen des Bistums Brandenburg im Herbst.

›Rummeliges‹ Grenzland

Aus den südlich liegenden Belziger Landschaftswiesen eilen kleine Flüsse der Havel zu, zugegeben, manchmal bummeln sie auch. Wer ihnen auf die Spur kommen will, sieht plötzlich ungewohnte Höhenzüge am Horizont, den Hohen Fläming. Das ›kleinste Mittelgebirge Deutschlands‹, an der Grenze zu Sachsen-Anhalt gelegener Naturpark, birgt nicht nur verschiedene Spechtarten und seltene Schmetterlinge und Heuschrecken. Es ist auch märkisches Burgenland, für das die Eiszeit am Rand des Baruther Urstromtals die hügeligen Voraussetzungen geschaffen hat. Daneben hat sie, durch abfließendes Schmelzwasser, bis zu 20 Meter tiefe Trockentäler hinterlassen, Rummeln genannt.

Durchs märkische Burgenland

Den Namen verdankt der Fläming Markgraf Albrecht dem Bären, der im 12. Jahrhundert flämische Bauern in den dünnbesiedelten Landstrich holte. Da jedoch auch unerwünschte Zuwanderer die Grenze überschritten, wurde eine Reihe von Burgen gebaut, von denen einige wenige unterschiedlich gut erhalten sind.

Belzigs Backsteinfeste Eisenhardt auf einem Hügel am Ortsrand über dem Kurstädtchen, heute Hotel und Standesamt, wirkt mit dem 33 Meter hohen Rundturm uneinnehmbar. Das widerlegen moderne Rittersleut' bei regelmäßigen Spektakeln.

In Wiesenburg hat man schon im 16. Jahrhundert ein Schlößchen auf die Burganlagen gebaut. Den Park mit Teichen, Wiesen, Blumenbeeten und seltenen Bäumen legte vor rund 200 Jahren der Lenné-Schüler Kurt von Watzdorf an.

Die Burg in Ziesar verewigte Karl May in seinen Erzählungen ›Ritter und Rebellen‹. Einer der Rebellen war Kaspar Gans Edler Herr zu Putlitz, 1411 zum Statthalter der Mark Brandenburg geworden. Als er sich mit dem neuen Landesherrn, Friedrich von Hohenzollern, überworfen hatte, ließ der ihn von 1413 bis 1415 im Kerker der Burg schmachten.

△ Vom Burgturm überblickt man das Städtchen Belzig

Auf dem Elbe-Havel-Kanal ▽

△ Rathenows Schleusenplatz mit seinen barocken Bürgerhäusern und dem Kurfürstendenkmal

△ Bei Buckow erobert Mohn die Äcker

Altarflügel (um 1380) der Rathenower Stadtkirche ▽

△ Seit mehr als 700 Jahren überragen Jerichows Klostertürme die Landschaft

Havelland ist Pferdeland – hier bei Pritzerbe ▽

Brillenstadt Rathenow

Einst weit über die Landesgrenzen hinaus bekannt war die Stadt Rathenow. Dank Johann Heinrich August Duncker, des hier im 18. Jahrhundert geborenen Begründers der optischen Industrie, die später Weltruf genoß. Als Duncker 1843 starb, hatte sein Betrieb 300 Niederlassungen zwischen Moskau und Bergen.

Während in Rathenow auch heute wieder Brillen produziert werden und damit die Erinnerung an den berühmten Sohn der Stadt lebendig bleibt, ist im nahen Nennhausen die neugotische Hülle eines mächtigen Gutshauses als Musentempel kaum noch vorstellbar. Zeit und Schweinemast haben vergessen lassen, daß sich hier zu Beginn des 19. Jahrhunderts 30 Jahre lang Dichter trafen.

Zu Gast bei de la Motte Fouqué

Gäste des Barons Friedrich de la Motte Fouqué waren etwa sein Onkel August Wilhelm Schlegel und E.T.A. Hoffmann. Karl Varnhagen von Ense ging gern im Park spazieren, und vielleicht saß Adalbert von Chamisso unter einem der Bäume an seinem ›Schlemihl‹. Zum Musizieren und Vorlesen kamen Heinrich von Kleist und Wilhelm von Humboldt. Kaum einer aus Berlins romantischer Elite fehlte.

Wohl niemand hat den charmanten Gastgeber, der durchaus erfolgreich war, als großen Dichter angesehen. Wer kennt schon mehr als sein Meerfräulein ›Undine‹, dem erst Lortzings Oper zur Berühmtheit verhalf, und den Liedtext ›Frischauf zum fröhlichen Jagen‹?

Großtrappengebiet Buckow

Mit Glück und Fernglas kann man vom Beobachtungsturm bei Buckow, ganz in der Nähe, Raritäten erspähen. Obwohl die Großtrappe Europas einziger und größter Laufvogel ist, kann das 75 bis 105 Zentimeter messende Tier auch fliegen. Die Flügel haben dabei eine Spannweite von 1,90 bis 2,20 Metern. Großtrappen sind den Kranichen näher verwandt und leben meistens in kleinen Gruppen zusammen. Außer in Brandenburg gibt es in Europa nur noch in Ostösterreich und Ungarn Restvorkommen.

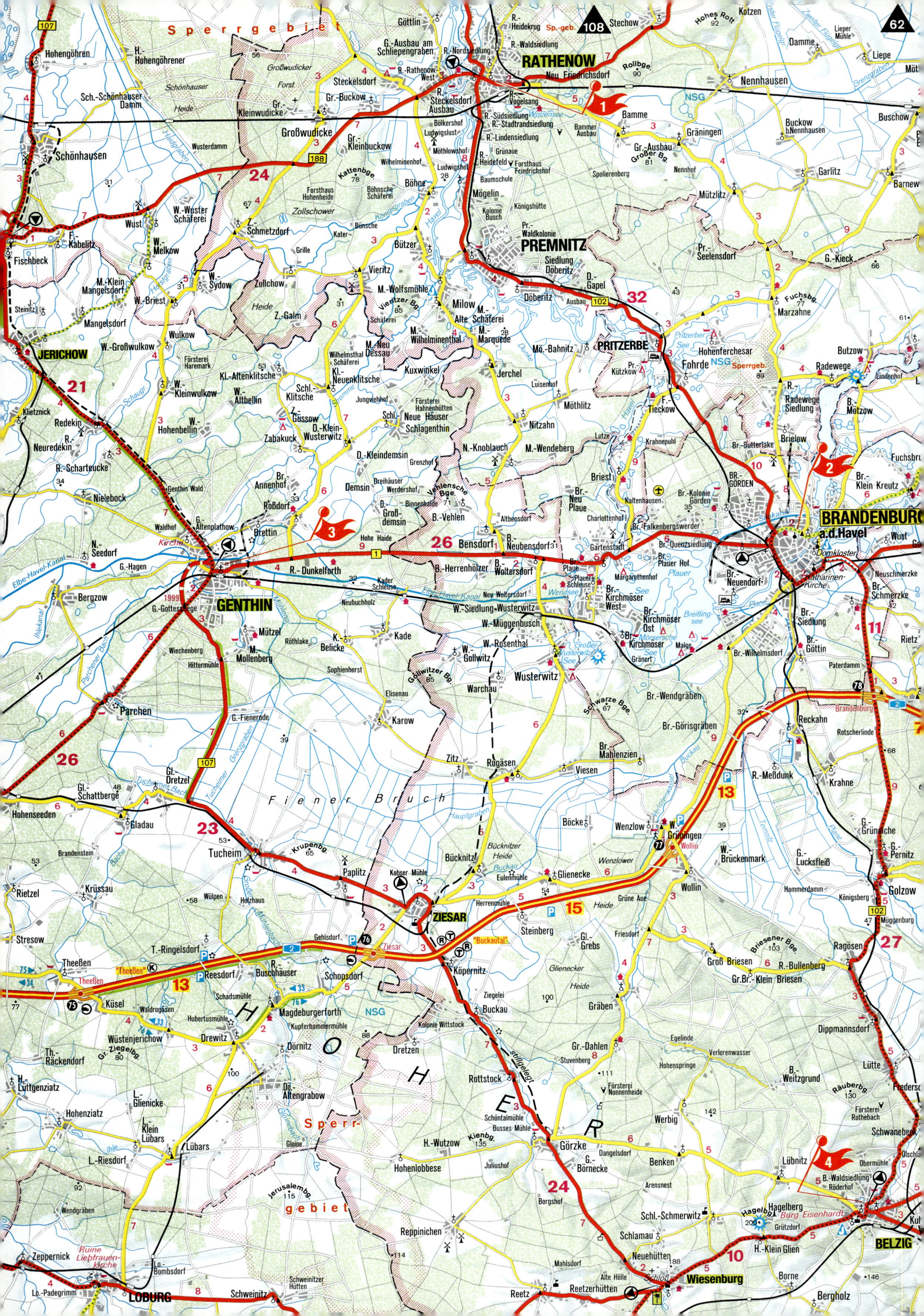

108
62
Sperrgebiet
Rathenow
Premnitz
Pritzerbe
Brandenburg a.d.Havel
Genthin
Ziesar
Belzig
Wiesenburg
Loburg
Jerichow
Schönhausen
Fischbeck
Hohengöhren
Großwudicke
Steckelsdorf
Göttlin
Stechow
Nennhausen
Damme
Liepe
Bamme
Gräningen
Garlitz
Mützlitz
Milow
Döberitz
Fohrde
Butzow
Radewege
Marzahne
Tieckow
Briest
Parchen
Tucheim
Gladau
Hohenseeden
Rietzel
Krüssau
Stresow
Theeßen
Küsel
Reesdorf
Buckau
Görzke
Wollin
Grüningen
Wusterwitz
Bensdorf
Karow
Zitz
Rogäsen
Viesen
Steinberg
Gräben
Fiener Bruch
Hoher Fläming
Lübars
Magdeburgerforth
Dretzen
Rottstock
Reppinichen
Zeppernick
Lütte
Golzow
Reckahn
Krahne
Lübnitz
Hagelberg
Schwanebeck
Bergholz
Borne
Reetz
Zollchow
Wulkow
Redekin
Nielebock
Bergzow
Kade
Demsin
Wust
Melkow
Kabelitz
Mangelsdorf
Sydow
Brettin
Roßdorf
Ragösen
Dippmannsdorf

Wo gibt es was?

Fähnchennummer = Textnummer ⓘ = Auskunft

Rathenow ①

Die Stadt verdankt ihre Entstehung einer Havelfurt in der sonst ehemals überall sumpfigen Flußlandschaft.
Sehenswert sind die Pfarrkirche St. Marien und Andreas (um 1260; 1945 schwer zerstört; Schnitzaltar um 1380; moderne Fenster von Gerhard Henschel), das Kurfürstendenkmal (1736–38, Glume), das an die siegreiche Schlacht gegen die Schweden 1675 erinnert, auf dem Schleusenplatz mit seinen barocken Bürgerhäusern sowie die Haeslerbauten (Bauhaus) am Friedrich-Ebert-Ring.
Museen: Das Kreismuseum, Rhinower Landstr. 19d, informiert über die hier von Johann Heinrich August Duncker im 18. Jh. begründete optische Industrie (di–do 9–17, so 13.30–16.30 Uhr). Die Galerie am Märkischen Platz, Goethestr. 4a, zeigt Wechselausstellungen (mo–fr 9–17, sa 10–12, so 14–17 Uhr).
Aktivitäten: Thematische Stadtführungen; Hallenbad; Radverleih; Tennis; Angeln; Reiten; Schiffstouren ab Haveltor; in *Premnitz* (8 km südl.) Freizeitzentrum mit Freibad; in *Pritzerbe* (19 km südöstl.) Paddeln, Bootsverleih (alle Arten).
Umgebung: Naturschutzstation für Großtrappen in *Buckow* (17 km östl.).
Veranstaltungen: Havelländisches Volkswandern (Frühjahr); Kirchbergfest (Mai); Hafenfest (Juli); Stadtfest (Aug.); in Premnitz Dachsbergfest (Aug.).
ⓘ Fremdenverkehrsverband Havelland, Goethestr. 4a, 14712 Rathenow, Tel. 03385/512336.

Brandenburg ②

Wälder und Havelarme umschließen die einstige Chur- und Hauptstadt der Mark Brandenburg (85 000 Einw.).
Geschichte: Heinrich I. eroberte 928/29 die auf einer Insel gelegene Brendanburg der slawischen Heveller. Kaiser Otto I. erhob die Siedlung 948 zum Bischofssitz. Auf den Fundamenten der Burg ließ der Askanier Albrecht der Bär 1165 den Grundstein für den Dom legen. In der Nachbarschaft der Dominsel entwickelten sich zwei Städte: die Altstadt (1170) und die Neustadt (1196). Bis zum 15. Jh. waren beide Städte bedeutende Zentren der Mark. Städtischer Reichtum der Hansezeit ist in den großen Kirchen und im Altstädtischen Rathaus bewahrt. Die Herrschaft der Hohenzollern war von wirtschaftlichem Niedergang begleitet. 1715 ließ Friedrich Wilhelm I. Alt- und Neustadt zusammenlegen. Mit dem Eisenbahnanschluß 1846 begann das Industriezeitalter. 1912 wurde ein Stahl- und Walzwerk gebaut. 1933/34 entstand hier eines der ersten Konzentrationslager. Das Zuchthaus in Görden war als Hinrichtungsort bis 1945 bekannt. Von 1960 bis 1990 wurden um die Altstadt monotone Satellitenstädte gebaut, während die Innenstadt verfiel.
Sehenswert: Die Wiege der Mark besitzt in ihren drei mittelalterlichen Stadtteilen, Altstadt, Neustadt und Dominsel, eine Fülle schöner Baudenkmäler. Von der mittelalterlichen **Stadtbefestigung** gibt es noch Teile an Alt- und Neustadt (Annenpromenade): quadratischer Rathenower Torturm, Plauer Rundturm (15. Jh.), Mühlentorturm, Steintorturm. In der Altstadt fällt in der Plauer Straße das **Jugendstilhaus** (1901) des Spielzeugfabrikanten Lehmann (Nr. 6) auf. Vor dem imposanten spätgotischen **Altstädtischen Rathaus** (1450–70) steht der Roland (5,34 m) vom Rathaus der Neustadt (1945 zerstört). Die nahe **Gotthardtkirche** mit romanischem Feldsteinportal an der Westseite (um 1140) ist das älteste Mauerwerk der Stadt. Die Spätrenaissance-Sandsteinkanzel stiftete die Tuchmachergilde (1623). Der **Fritze-Bollmann-Brunnen** in der Hauptstraße erinnert an ein Brandenburger Original.
St. Katharinen (1395–1401) in der Neustadt mit glasierten Steinen und filigranem Schmuck ist ein Meisterwerk der Backsteingotik. Der **Dom St. Peter und Paul** auf der Dominsel, als romanische Basilika begonnen, im 14./15. Jh. erheblich gotisch verändert, ist reich ausgestattet mit einem Hochaltar (1518) aus Lehnin, Böhmischem Altar (1375–80), Triumphkreuz (1430–40), Resten alter Glasmalerei im Chor (13. Jh.), Wagner-Orgel (18. Jh.). Spätromanisch sind die Krypta und die ausgemalte ›Bunte Kapelle‹ (1221–41). Teilweise erhalten sind die Stiftsgebäude (zum Teil erst 1869–71). Noch aus Hevellerfürsten-Zeit stammt der Unterbau der **Petrikapelle** (1314–20; Zellengewölbe um 1520) gegenüber.
Museen: Die Klausurgebäude bergen das **Dommuseum** mit dem reichen Kirchenschatz, mittelalterlichen Textilien und Handschriften (mo–sa 10–16, so 11–16 Uhr). Das **Museum im Frey-Haus**, Ritterstr. 96, birgt regionalgeschichtliche Ausstellungen von der Ur- und Früh- bis zur Industriegeschichte und eine Kunstsammlung (di–fr 9–17, sa/so/fei 10–17 Uhr). Das **Museum im Steintorturm**, Stadtschleuse, dokumentiert den Gerichtsort, hat ein Lapidarium für Bausteine sowie letzte Stücke der ersten preußischen Porzellanmanufaktur (1713–30) im Ortsteil Plaue (di–fr 9–17, sa/so/fei 10–17 Uhr). **Industriemuseum** ist das Brandenburger Stahlwerk, Magdeburger Landstraße, B 1 (di–fr 10–17, sa/so/fei 13–17 Uhr). **Straßenbahnmuseum**, Bauhofstr. 22 (mi 14–16 Uhr); Traditionswagen (1912) und andere für Sonderfahrten mietbar (Tel. 03381/5340).
Aktivitäten: Thematische Stadtführungen; Naturschutzzentrum Krugpark mit Waldschule und Lehrpfaden; Paddeln auf Plauer- und Beetzsee; Schiffstouren; Motor- und Segelflüge vom Mötzower Flugplatz; Ballonfahren; Boots- und Radverleih auf Campingplätzen (am Wasser); Strandbäder Malge, Massowburg, Grillendamm; Kultur-Labor (Programmkino, Theater, Konzerte, Kinderprogramme), Ritterstr. 69; Theater, Grabenstraße; Studiobühne, Kanalstraße; Studio für angewandte Kunst, Burghof.
Veranstaltungen: Havelfest (Juni); Sommermusik in Dom und Katharinenkirche; Musiktage (Sept.); Altstadtfest (Sept./Okt.).
Umgebung: Im Stadtteil *Plaue* (11 km westl.), noch wichtiger Havelübergang mit schöner Jugendstilbrücke, verkommt das Barockschloß (1711) allmählich. Ein spätromanischer Feldsteinbau ist die versteckte Dorfkirche von *Gollwitz* (23 km westl.).
ⓘ Brandenburg-Information, Hauptstr. 51, 14776 Brandenburg, Tel. 03381/19433.

Genthin ③

Die Stadt in Sachsen-Anhalt durchfließt der **Elbe-Havel-Kanal**. 1743–1746 von Friedrich II. als Plauer Kanal angelegt, wurde er 1919–38 ausgebaut. Östlich des Ortes fließt der Vorgänger als Rosdorfer Altkanal, und ca. 1 km hinter der Brücke am Wasserturm der Altenplathower Altkanal, um nach weiteren 1,5 km den neuen Elbe-Havel-Kanal zu erreichen.
Museum: Ausstellungen im Kreisheimatmuseum, Mützelstraße, informieren über Volkskultur und Entwicklung des Elb-Havel-Winkels (keine festen Zeiten).
Umgebung: Ein imposanter Backsteinbau der Spätromanik ist die ehemalige Klosterkirche von *Jerichow* (12 km nordwestl.).

Belzig ④

Kreisstadt im Hügelland Hoher Fläming.
Sehenswert sind die verwinkelten Gassen, das Rathaus (1991) im Stil des 17. Jh., die spätromanische Feldsteinkirche St. Marien mit der Kantorei (1678), Geburtsort des Komponisten Carl Gottlieb Reißiger (1798 bis 1859), Burg Eisenhardt (15./17. Jh.).
Heimatmuseum im Torhaus der Burg, Wittenberger Str. 14. Die Themen sind Burggeschichte, regionales Handwerk, Zwangsarbeiter des KZ Ravensbrück (mo, mi, do, fr 10–12 u. 12.30–16, di, sa/so bis 17 Uhr, April–Okt. bis 18 Uhr).
Veranstaltung: Mittelalter-Spektakel auf der Burg (letzte Aug.-Woche).
Aktivitäten: Spaß- und Erlebnisbad; Wandern; Radtouren; Kunsteisbahn (Winter); Reiten in *Görzke* (15 km westl.).
Umgebung: Das *Schloß Wiesenburg* (um 1550, später erweitert; 9 km südwestl.) umgibt ein Park (Ende 19. Jh.) des Lenné-Schülers Kurt von Watzdorf (Turmbesteigung, Heimatstube di–fr 11–17.30, sa/so 10–18, Winter bis 16 Uhr). Die *Burg Ziesar* (27 km nordwestl.) beherbergt ein Heimatmuseum (Mai–Okt. sa/so 14–17 Uhr).
ⓘ Tourist-Info, Straße der Einheit 5, 14806 Belzig, Tel. 033841/34815.

Maßstab 1:200.000
0 2 4 6 8 10km

Die Hengstparaden
des Haupt- und Land-
gestüts im September
sind die Höhepunkte
des Neustädter Lebens.

Wo die Havel in die Elbe mündet

Der riesige Naturpark Westhavelland ist Rastplatz der jährlichen Vogelzüge. Vergeblich wurde über Jahrhunderte versucht, die feuchten Niederungen trockenzulegen. Brandenburgs Nordwesten ist auch Pferdeland: In Neustadt/Dosse werden sie seit 300 Jahren gezüchtet, in Havelberg seit 250 Jahren verkauft. In Rühstädt im Elbtal haben dagegen die Störche ihr Zuhause. Ins nahe Bad Wilsnack zog es einst Wallfahrer, heute wird hier in eisenhaltiger Moorerde gekurt.

△ 1788 gründete Friedrich Wilhelm II. das Haupt- und Landgestüt von Brandenburg in Neustadt/Dosse

△ Über zehn Kilometer lang ist der Hohenauer See

Ein Fachwerkbau von 1820 ist die Kirche in Witzke ▽

⊲ Nachfolger Lilienthals bei Stölln

Ziel von Zehntausenden sind jeden September die Neustädter Hengstparaden ▽

Friedrich II. hatte in der zweiten Hälfte des 18. Jahrhunderts den Sumpf – Luch – und die Niederungen des Flusses Rhin entwässern lassen, um, wie sein Vater, Kolonien anzulegen und die Mark stärker zu besiedeln. Nachhaltig gelungen ist das nicht: Am nördlichen Rand des Kreises Havelland leben auf 246 Quadratkilometern in 14 Orten knapp 6000 Menschen.

Naturpark Westhavelland

Die oft winzigen Orte heißen Wassersuppe oder Kotzen oder Spaatz. Und es ist nicht ungewöhnlich, daß mit einer Ansiedlung die Straße endet. Schon Fontane bemängelte 1870, daß es in der Wildnis des Westhavellandes ›noch immer an Kultur und Ordnung‹ fehle und fände heute alles unverändert. Fast alles, denn eine gewisse Ordnung ist im Sommer 1998 mit dem Naturpark Westhavelland – mit 1300 Quadratkilometern der Riese unter den Brandenburger Schutzgebieten – hergestellt worden. Der erstreckt sich um Rathenow über die Landkreise Potsdam-Mittelmark, Havelland und Ostprignitz-Ruppin. Er beherbergt über 700 vom Aussterben bedrohte oder stark gefährdete Tier- sowie 250 seltene Pflanzenarten und gilt als wichtiger Rastplatz der Vogelzüge.

Besonders der Gülper See in der Havel-Feuchtniederung ist Vogelfreunden im Frühjahr und Herbst ein Veranstaltungsort, der alle renommierten Bühnen der Städte in den Schatten stellt. Gibt es hier im Naturschutzgebiet sonst auch immer Gelegenheit, Schnepfen, Kampfläufer, Milane und Enten zu beobachten, so bleiben doch die regelmäßigen Gastspiele der 70 000 Wildgänse – die genaugenommen Grau-, Saat- und Blessgänse sind – und Kraniche vielen ein unvergeßliches Erlebnis.

Besuchermagnet Hengstparade

Gen Norden werden die Attraktionen größer: Zehntausende Pferdeliebhaber zieht es an den Wochenenden im September nach Neustadt zur Hengstparade des Haupt- und Landgestüts Brandenburg. Als Friedrich Wilhelm II. im Jahr 1788 das Gestüt zur Aufzucht von Kaval-

△ Anfang des 20. Jahrhunderts neubarock errichtet: Schloß Bantikow

Einer Festung gleicht das Kyritzer Rathaus von 1879 ▽

△ Storchenblick über Demerthin von der Kirchturmspitze

△ Fachwerkhaus am Markt von Kyritz

Über 22 Kilometer erstreckt sich die Kyritzer Seenkette ▽

leriepferden gründete, hatte Friedrich von Hessen-Homburg dazu die Grundlagen schon mit einer Pferdezucht seit 1694 gelegt. Denn er hatte das Land am Fluß 1662 gekauft und auch das Städtchen nach einem Brand großzügig aufbauen lassen. Seit Kavallerien nicht mehr üblich sind, züchtet man hier edle Warmblüter und Sportpferde. Außerdem werden Pferdewirte ausgebildet und einmal im Jahr auch Sportpferde versteigert.

Kyritz in der Ostprignitz

Kyritz mit der Kyritzer Seenkette liegt im südlichen Zipfel der Prignitz, die wiederum der äußerste Nordwesten Brandenburgs ist. Vermutlich ist sie das älteste besiedelte Gebiet Brandenburgs, auf halber Strecke zwischen Berlin und Hamburg gelegen, zudem das unbekannteste und bevölkerungsärmste. Auf manchem Quadratkilometer leben gerade 22 Menschen. Und wenn jemand spottet, ein anderer sei wohl aus ›Kyritz an der Knatter‹, dann meint er damit das Ende der Welt und hält den Ortsnamen vielleicht sogar für eine Erfindung.

Nun gibt es Kyritz aber, und weil die Kyritzer, deren Städtchen nicht an der Knatter, sondern Jägelitz liegt, auch Witz haben, entnimmt der Besucher dem Ortsschild, daß er tatsächlich nach ›Kyritz an der Knatter‹ kommt. Es war sogar Mitglied der Hanse und für seine Tuche bekannt. Im 17. Jahrhundert führte Kyritz im Jahr 6000 Tonnen Bier aus, ein dunkles Starkbier, als ›Mord und Totschlag‹ gepriesen. Münzsammlern sind Kyritzer Daenare ein Begriff.

Bezaubernde Seenlandschaft

Die Seenkette parallel zur Dosseniederung ist eine der schönsten Prignitzlandschaften. Wer ohne festes Ziel durch die Gegend bummelt, darf mit Überraschungen rechnen: Es gibt verträumte Seen und Flußläufe, dazwischen liegen Fachwerkdörfer. In Demerthin, acht Kilometer nordwestlich, steht eines der bedeutendsten Renaissance-Schlösser Brandenburgs, 1604 erbaut, mit Zwerchhäusern, Giebeln und einem sechseckigen Treppenturm. Traurig sieht es jetzt aus und harrt einer ungewissen Zukunft.

△ Havelberg: Jugend mit altem Handwerk auf dem Mittelaltermarkt zur 1500-Jahr-Feier 1998, ... Domkonzert ▽

△ Havelbergs Domberg ... ... und St. Laurentius ▽

Schlicht-schön ist der Kreuzgang des Havelberger Doms, dessen Keimzelle eine 948 von Otto I. gegründete Mission war ▽

Pferdemarkt in Havelberg

Schon in Sachsen-Anhalt liegt Havelberg und gilt doch als Wiege der Prignitz. Das Gebiet zwischen den Urstromtälern, die Elbe und Havel zusammenführen, war schon in der Steinzeit besiedelt.

Sicher ab 1750, vielleicht schon seit der Domweihe 1170, immer jedenfalls am Tag von Mariä Geburt, also am 8. September, ist in Havelberg Pferdemarkt. Dabei wird versucht, Vierbeiner aller Art an den Mann zu bringen, nicht nur Bauernpferde, auch edle Rassen. Da zu den Geschäften immer auch das Vergnügen gehörte, wurden die Altstadtstraßen zum Basar, selbst ›Haustürgeschäfte‹ waren nicht unüblich. Das populäre Volksfest weitete sich aus und zog zum Mühlenholz ans westliche Havelufer. Heute werden hier Karussells und Imbißbuden aufgebaut, Trödel und Freizeitanzüge verkauft, und sicher haben die meisten der über 100 000 Besucher am Ende des Festes kein einziges Pferd gesehen.

Wilsnacks ›Hostienwunder‹

Seit dem 14. Jahrhundert zogen Pilger, aus südlicher Richtung kommend, durch die damalige Hansestadt nach Wilsnack, das zum Domkapitel gehörte. Der kleine Ort war gerade zum wichtigen Wallfahrtsort aufgestiegen, weil Pfarrer Johann Kabuz, nachdem Ritter Heinrich von Bülow 1383 die alte Dorfkirche in Brand gesteckt hatte, noch drei unversehrte Hostien mit roten Blutstropfen in den Trümmern gefunden hatte.

Bereits im Jahr darauf entstand die neue ›Wunderblutkirche‹. Gläubige kamen aus Ungarn, Polen und Böhmen. Das sahen die kirchlichen Herren gern, standen doch Bischof und Domkapitel zwei Drittel der Einnahmen aus dem Verkauf der Pilgerzeichen zu. Geld, mit dem man den Dom zu Havelberg ausschmücken konnte.

Wer heute nach Bad Wilsnack kommt, sieht nur noch Reste der alten Feldsteinkirche im Mauerwerk des Langhauses, die blutgetränkten Hostien sind verschwunden, die Tür der Kirche ist verschlossen. Wer zur Kur kommt, erwartet auch keine Wunder, sondern will vom eisenhaltigen Moor des Ortes profitieren.

△ Plattenburg: In der neugotischen Kapelle finden heute wieder Trauungen statt, im Rittersaal wird getafelt wie einst im Mittelalter ▽

△ Bad Wilsnacker Fachwerkidylle mit St. Nikolai

△ Spätgotisch: Malerei und Altar in der Rühstädter Kirche

Kaum ein Dach, ein Turm, ein Schornstein ist ohne Storchennest in der kleinen 250-Seelen-Gemeinde Rühstädt ▽

Bad Wilsnacks spätgotische Backstein-Hallenkirche St. Nikolai wurde 1384 begonnen und um 1430 vollendet ▽

Mit der Dosse in die Elbe

Die Havel indes nähert sich in munterem Fluß ihrem Ziel. Sie bringt das Wasser der Dosse mit. Ein Ausläufer der Prignitz-Ruppiner-Böschung schickt sie mit Haupt- und Nebenarmen nach Nordwesten. Unterwegs hat sie, wenn es reichlich regnet, genug Gelegenheit, sich noch einmal zu Seen auszuweiten und das Land zu überfluten. Aber längst hat man Deiche gebaut und außerdem die Ungezügelte schon in den dreißiger Jahren und später mit vier Wehren und dem Gnevsdorfer Vorfluter gezähmt. Vor der Regulierung floß die Havel bei Quitzöbel in die Elbe.

Attraktion: Rühstädts Störche

Biosphärenreservat heißt seit dem 20. März 1999 das Schutzgebiet, das sich am Ostufer der Elbe um Rühstädt erstreckt. Weder Beton noch Schotter zwingen die Elbe in ein Zwangsbett, so daß im alten Grenzland eine der wenigen naturnahen Flußlandschaften Mitteleuropas erhalten ist: Lebensraum für seltene Tier- und Pflanzenarten.
Während man zum Naturerlebnis in der noch wenig besuchten Elbtalaue Kenntnisse und Führung braucht, sind Rühstädts Attraktionen unübersehbar: Kaum ein Dach, Turm oder Schornstein ohne Storchennest, ein halbes Hundert etwa, das schönste auf dem Wasserturm. Flügel schwingen in der Luft, Schnäbel klappern, Störche richten Nester ein. Unter jedem mindestens ein Mensch, gebückt, vor dem Sucher der aufs Stativ gestellten Kamera, in der Hoffnung, daß sich an ›seinem‹ Nest etwas tut.
Seit 1996 darf Rühstädt sich ›Storchendorf‹ nennen, da hatten die Rühstädter ihre Störche aus der Elbtalaue schon 36 Jahre mit Reisigködern auf Dachfirsten zum Nestbau angelockt. Nur drei Nester soll es anfangs gegeben haben. Inzwischen hat sich der Storchenreichtum weit herumgesprochen: Ab April überfluten die 250-Seelen-Gemeinde an den Wochenenden Besucherscharen aus dem In- und Ausland. Manche werfen bei dieser Gelegenheit einen Blick in die Dorfkirche und dort in die Apsis mit ihrer spätgotischen Malerei vom Weltgericht.

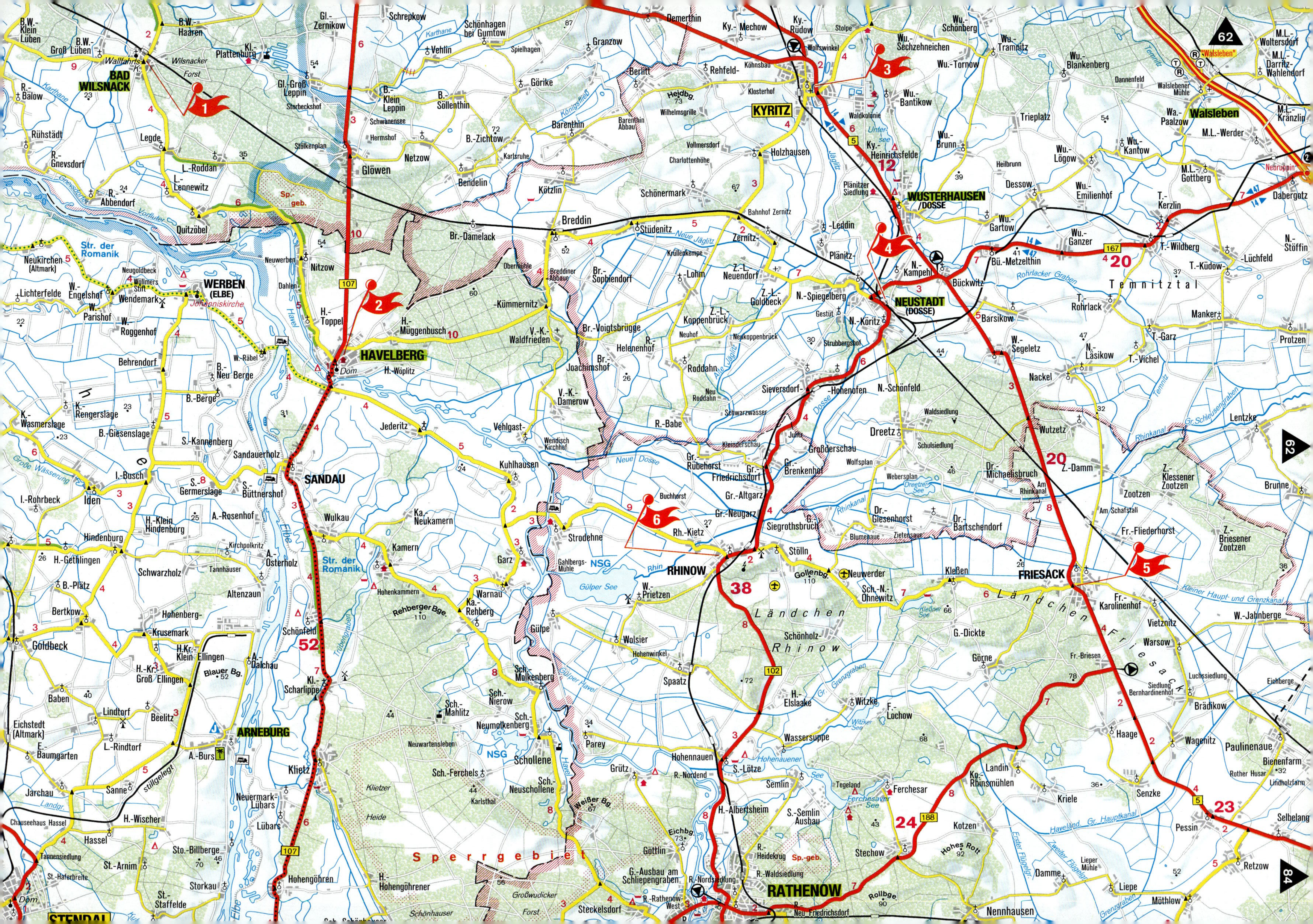

BAD WILSNACK
HAVELBERG
WERBEN (ELBE)
SANDAU
ARNEBURG
STENDAL
KYRITZ
WUSTERHAUSEN /DOSSE
NEUSTADT (DOSSE)
RHINOW
FRIESACK
RATHENOW
Walsleben
Glöwen
Breddin
Kümmernitz
Jederitz
Kuhlhausen
Strodehne
Schollene
Klietz
Schönfeld
Sanne
Goldbeck
Iden
Dreetz
Sieversdorf
Stölln
Semlin
Ferchesar
Kotzen
Nennhausen
Pessin
Retzow
Paulinenaue
Temnitztal
Ländchen Rhinow
Ländchen Friesack
Sperrgebiet
Gülper See
Str. der Romanik
62
84

Wo gibt es was?

Fähnchennummer = Textnummer ℹ = Auskunft

Bad Wilsnack ①

Das 1383 erstmals erwähnte brandenburgische Städtchen, einst bedeutender Wallfahrtsort, nach Entdeckung eisenhaltiger Moorerde seit 1907 Kurort, liegt im Biosphärenreservat Flußlandschaft Elbe-Brandenburg, wo im Herbst und Frühjahr Kraniche, Gänse und Schwäne rasten.
Sehenswert: Die spätgotische Backstein-Hallenkirche St. Nikolai wurde 1384 als ›Wunderblutkirche‹ begonnen (Anmeldung 038791/2208). Ein schön restaurierter Fachwerkbau ist das Alte Rathaus (18. Jh.) in der Lindenstraße.
Aktivitäten: Wandern; Radverleih; Karte mit 15 Prignitz-Radtouren; Angeln in den Fischteichen bei der *Plattenburg* (8 km östl.); Waldbad an den Wöplitzeichen.
Veranstaltungen: Ellefeldfestspiele mit ›Hostienwunder‹ (Sept.); Rocknacht (Juli); auf der Plattenburg Mittelalter-Spektakel (Juni) sowie Konzerte im Burghof oder Rittersaal (sporadisch).
Umgebung: Ein Wanderweg (roter Kreis) führt zur Plattenburg (vermutlich um 1150 gegründet, 1319 urkundlich genannt), eine unregelmäßige Vierflügelanlage mit Bauteilen von der Gotik bis ins 19. Jh. (mi–so 10–16 Uhr). ›Storchendorf‹ ist *Rühstädt* (14 km südwestl.). Informationen geben das traditionelle Storchenhaus und Naturschutzzentrum (Saison tgl. 10–18 Uhr). Die Dorfkirche (13. Jh., 1890 stark verändert) zeigt in der Apsis spätgotische Malerei (Weltgericht) und einen Flügelaltar (15. Jh.).
ℹ Stadtinformation, Am Markt 5,
19336 Bad Wilsnack, Tel. 038791/2620.

Havelberg ②

Der alte Bischofssitz, zur Prignitz gehörend, liegt schon in Sachsen-Anhalt. Ein Bistum wurde bereits 948 erwähnt. Der Ort lebte von Handwerk, Ackerbau und Fischerei, hinzu kam im Mittelalter auch Schiffbau.
Sehenswert: Mehrere Brücken führen auf die Altstadtinsel mit zum Teil sehr schön restaurierten Giebel- und Traufhäusern. Die Laurentiuskirche erhielt ihre heutige Gestalt nach mehreren Umbauten 1660. Bei Sanierungsarbeiten 1989 wurden über dem Altarraum 73 Gemälde zwischen den Deckenbalken wiederentdeckt. Der 20 Meter über der Havel gelegene Dom, immer wieder zerstört und aufgebaut, vereint romanische und gotische Stilelemente. Südlich liegen die Stiftsgebäude (12.–15. Jh.), darunter auch der frühgotische Kreuzgang (13. Jh.).
Museum: Das Prignitz-Museum am Dom birgt Exponate zu Ur- und Frühgeschichte, Stadt- und Dombaugeschichte (mi–so 10–12 u. 13–18, Okt.–März bis 17 Uhr).
Aktivitäten: Spaßbad; Reiten; Kremserfahrten; Havelfahrten; Radfahren; Bootsverleih.
Veranstaltungen: Rathaus-Konzerte (ca. einmal monatl.); Domkonzerte (Mai–Dez.); Blasmusikfest mit Bootskorso (Aug.); Pferdemarkt und Ballonfahrertreffen (Sept.).
ℹ Tourist-Information, Salzmarkt 1,
39539 Havelberg, Tel. 039387/88224.

Kyritz ③

Das brandenburgische Städtchen an der Jägelitz liegt in der Ostprignitz.
Sehenswert ist der Marktplatz mit restaurierten und wiederaufgebauten Fachwerkhäusern (17. Jh.), kastellartigem Rathaus (1879) und einzelnen Jugendstilbauten im Bereich. Die Pfarrkirche St. Marien (14. Jh., 1708–14 umgebaut, 19. Jh. Doppeltürme, 1904–24 Buntfenster) birgt im Seitenschiff den Achatiusaltar (um 1480), Leihgabe der Kirchengemeinde Brüsenhagen (Juni–Aug. 14–16, sonst mo–fr 9–11.30 Uhr, Schlüssel im Gemeindebüro).
Aktivitäten: Segelfliegen (Flugplatz Heinrichsfelde); Baden am Untersee; Dampferfahrten; Kremserfahrten; Kutschfahrten; Wassersportparadies Kyritzer Seenketten (22 km im Osten).
Veranstaltungen: ›Bassewitz sinnt wieder Krieg‹, Mittelalterspektakel nach der Sage, in welcher ein Raubritter die Stadt belagerte, aber mit heißer Grütze in die Flucht geschlagen wurde (alle 2 Jahre Ende Mai, nächstes 1999); Regattatage (Aug.).
Umgebung: Eine ungewisse Zukunft haben das neubarocke Herrenhaus in *Bantikow* (11 km östl.) und das Renaissance-Schloß (1604) in *Demerthin* (8 km westl.). In *Wusterhausen* (6 km südöstl.) zeigt das Heimatmuseum in 200 Jahre altem Fachwerkhaus, Am Markt 3, eine Dauerausstellung zur Flachsverarbeitung in der Prignitz (di 16–18, do 14–16, sa/so 10–12 Uhr). In *Gantikow* (4 km nordwestl.) bietet das Lügenmuseum ›ökologisch verträgliche Lebenskunst‹ (sa/so 14–18 Uhr).
ℹ Fremdenverkehrsverein Ostprignitz,
Bahnhofstr. 5, 16866 Kyritz,
Tel. 033971/52331.

Neustadt/Dosse ④

Das südliche Tor zur Prignitz entstand im 12. Jh. um eine Burg herum, die den Übergang der Dosse bewachte.
Geschichte: Nach häufigem Besitzerwechsel brachte Landgraf von Hessen-Homburg, durch Kleist bekannt geblieben und mit einem Denkmal (1929) geehrt, den Ort zur Blüte. Es gab eine Eisenhütte, Papiermühle und bis 1840 Brandenburgs größte Spiegelmanufaktur. Die spätbarokken Gebäude im Park vom Ortsteil *Spiegelberg* (1,5 km südwestl.) erinnern daran.
Gestüt: Friedrich Wilhelm II. gründete 1788 das nach ihm benannte Gestüt, Havelberger Str. 20 (Besichtigung und Führung Tel. 033970/13494; Kutschenmuseum n.V.; Reitausbildung).
Veranstaltung: Hengstparade (Sept.).
Umgebung: Im Gruftanbau der Kirche von *Kampehl* (1,5 km nördl.) ruht im Sarg der Ritter von Kahlbutz († 1702), nicht einbalsamiert, aber hervorragend erhalten (April bis Okt. di–so 10–12 u. 13–17, Nov.–März mi–so 10–12 u. 13–16 Uhr). *Babe* (13 km südwestl.) hat einen Haustierpark mit Streichelgehege und Schaugarten (April–Okt. 9–18, Nov.–März 10–17 Uhr).
ℹ Fremdenverkehrsamt,
Bahnhofstr. 6, 16845 Neustadt/Dosse,
Tel. 033970/95212.

Friesack ⑤

Das Dorf im gleichnamigen Luch-Ländchen liegt direkt an der B 5.
Sehenswert ist der geschlossene Marktplatz mit Rathaus (18. Jh.).
Museum: Das Heimatmuseum gegenüber zeigt Stadtgeschichte (Tel. 033235/1537).
Umgebung: In *Vietznitz* (3 km östl.) mit altem Kern hat die Dorfkirche einen spätgotischen Ost- und barocken Westteil. In der *Wagenitzer* (9 km südl.) Dorfkirche (1664, 1743 barock umgebaut) erinnert ein Epitaph (1669) an die Familie von Bredow.
Aktivitäten: Fahrradverleih; in Wagenitz Ballonfahren.
Veranstaltungen: Fliederfest (Ende Mai); Backofenfest in Vietznitz (Pfingsten).

Rhinow ⑥

Die ›Hauptstadt‹ des gleichnamigen Luch-Ländchens hat 13 Gemeinden.
Museum: Auf dem Gollenberg (110 m) bei *Stölln* (1,5 km östl.) stürzte der Flugpionier Otto Lilienthal am 9. August 1896 so unglücklich ab, daß er kurz darauf starb. Am 23. Oktober 1989 ging hier die Iljuschin 62 ›Lady Agnes‹, Linienmaschine der Interflug, zu Boden. Sie ist nun Standesamt u. Otto-Lilienthal-Museum (Mai–Okt. di–fr 10–17, sa/so 14–17, sonst sa/so 11–16 Uhr).
Umgebung: *Parey* (17 km südwestl.) ist Sitz der Naturschutzstation des Feuchtgebiets, Dorfstr. 5. *Witzke* (14 km südöstl.) hat eine hübsche Fachwerkkirche.
Aktivitäten: Angelkarte in *Ferchesar* (19 km südöstl.); Baden im Ferchesarer und Hohenauer See (11 km südl.), den Naturbadestellen *Gülpe* (8 km westl.), *Wassersuppe* (10 km südl.), Parey; Bootsverleih in Ferchesar (Segelboote), Wassersuppe (Kajak, Kanu), *Semlin* (14 km südöstl.); Radverleih in Ferchesar, Semlin; 18-Loch-Golfplatz in Semlin; Segel-, Motor-, Drachenfliegen in Stölln; Reiten und Kutschfahrten in Rhinow, Ferchesar, Semlin und *Hohenauen* (10 km südl.).
Veranstaltungen: Bergfest (Juni); in Stölln Drachenfest (April u. Okt.) sowie Lilienthal-Fest mit Drachen- u. Segelfliegen (Aug.); in Parey Backofentag (April).
ℹ siehe Rathenow.

Maßstab 1:200.000
0 2 4 6 8 10 km

Touristik-Informationen

Adressen

Überregional: Tourismus-Marketing Brandenburg GmbH, Informations- und Buchungsservice, Dortusstr. 46, 14467 Potsdam, Tel. 0331/39290, Fax 0331/39289. **Regional:** Fremdenverkehrsverband Havelland, Goethestr. 59/60, 14641 Nauen, Tel. 03321/403109, Fax 403555; Tourismusverband Ruppiner Land, Fischbänkenstr. 8, 16812 Neuruppin, Tel. 03391/357890, Fax 35790; Fremdenverkehrsverband Uckermark, Schinkelstr. 32, 17268 Templin, Tel. 03987/52115, Fax 2549; Fremdenverkehrs- und Kulturverein Prignitz, Hamburger Str. 47, 19348 Perleberg, Tel. 03876/616973, Fax 616974; Tourismusgemeinschaft Barnimer Land, Marktplatz 2, 16321 Bernau, Tel. 03338/761919, Fax 761970.

Angeln

Die Havel und die Seen der Region sind fischreich. Aale, Zander, Hechte, Barsche, Schleie und Karpfen werden gefischt. Ohne gültige Angelkarte geht allerdings nichts. Auskunft erteilen die Tourist-Informationen.

Anreise

Die Havelregion ist aus allen Himmelsrichtungen gut zu erreichen. Die Autobahnen A 24 (Berlin–Hamburg), A 19 (Berlin–Rostock), A 9 (Berlin–Nürnberg) und A 10 (Berliner Ring) führen durch das Gebiet, auch zahlreiche Bundesstraßen (B 1, B 2, B 5) sowie Fernzüge und Regionalbahnen.

Camping

Eine Fülle von Plätzen, die meisten in schöner Wasserlage, gibt es an den Havelufern. Viele sind teilweise mit Dauercampern besetzt, die im Frühjahr kommen und die Plätze erst im Herbst wieder endgültig verlassen. Die Ausstattung ist unterschiedlich; angenehm sind die Plätze in Brandenburg, Potsdam, Lehnin, Werder.

Essen und Trinken

Die Küche im Havelland ist bodenständig, Fisch, Wild und Pilze findet man auf fast allen Speisekarten, im Winter Enten- und Gänsekeulen. In Beelitz (20 km südl. von Potsdam) gibt es einen Kaninchen-Schlachtbetrieb, der Fleischsalat, Buletten, Schaschlik sowie Leberwürste aus Kaninchenfleisch anbietet. Beelitzer Spargel ist ein Qualitätsbegriff. An der Oberhavel ist Karpfenbratwurst ein Renner. Die Füllung besteht aus Karpfen- und Hechtfleisch, abgeschmeckt mit Zitrone, Dill und einer speziellen Gewürzmischung. Obstweine aus Werder sind weit verbreitet. Die B 2 zwischen Berlin und Potsdam mit vielen Verkaufsständen gilt als ›Vitaminallee‹.

Golf

Rund um Berlin entstanden nach der Wende zahlreiche Golfplätze, fünf allein in Havelnähe: Märkischer Golf-Club Potsdam (18 Loch), Schiedweg 1, 14542 Kemnitz, Tel. 03327/66370; Golfanlage Kallin (18 Loch), An der B 273, 14641 Börnicke bei Nauen, Tel. 033230/8940; Golf- und Landclub Semlin a. See (18 Loch), Ferchesarer Straße, 14715 Semlin, Tel. 03385/5540; Potsdamer Golf-Club (18 Loch), Tremmener Landstraße, 14641 Tremmen, Tel. 033233/80244 und 7050.

Jugendherbergen

JH Wandlitz, Prenzlauer Chaussee 146, 16348 Wandlitz, Tel./Fax 033397/22109; JH Liepnitzsee, Wandlitzer Str. 6, 16359 Lanke/Ützdorf, Tel./Fax 033397/21659; JH Burg Rabenstein, 14823 Raben, Tel. 033848/221; JH Milow, Friedensstr. 21, 14715 Milow, Tel./Fax 03386/280361; JH Prebelow/Zechlinerhütte, Prebelow 02, 16831 Post Zechlinerhütte, Tel. 033921/70222, Fax 70362.

Klöster

Erste Mönche des 1098 im französischen Cîteaux gegründeten Klosters tauchten um 1180 in der Mark auf. In das von Otto I. gegründete Mönchskloster Lehnin zogen Zisterzienser aus Sittichenbach bei Eisleben. Weitere Klöster der Zisterzienser entstanden in Chorin, Zehdenick und Ziesar.

Öffentliche Verkehrsmittel

Es ist nicht einfach, sich in der dünn besiedelten Region mit öffentlichen Verkehrsmitteln zu bewegen, aber den Streckenstillegungen der Deutschen Bahn folgen allmählich Privatbahnstrecken.

Privatquartiere

Die Zahl der Hotels und Pensionen nimmt zu, aber in allen Orten gibt es auch Privatvermieter, deren Adressen man von der jeweiligen Tourist-Information bekommt.

Radfahren

Wer Radtouren plant, sollte sich rechtzeitig um Wanderkarten bemühen. Wo es sie noch nicht gibt, empfiehlt sich die Erkundigung nach Radwegen. Da in Brandenburg sehr rasant Auto gefahren wird, ist es nicht ungefährlich, wenn Auto- und Radfahrer sich die Straße teilen müssen.

Reisezeit

Von Frühling bis Herbst ist die schönste Reisezeit im Havelland. Wer die Melancholie einsamer Landschaften nicht scheut, ist auch im Spätherbst, wenn häufig Nebel über den Feuchtgebieten steht, gut hier aufgehoben. Dann sind auch Vogelkundler unterwegs. Im Winter kommt auf seine Kosten, wer Freude am Eisangeln und Eislaufen hat und auf Museen verzichten kann; die meisten in kleinen Städten und Dörfern sind außerhalb der Saison geschlossen, auch einige Schlösser.

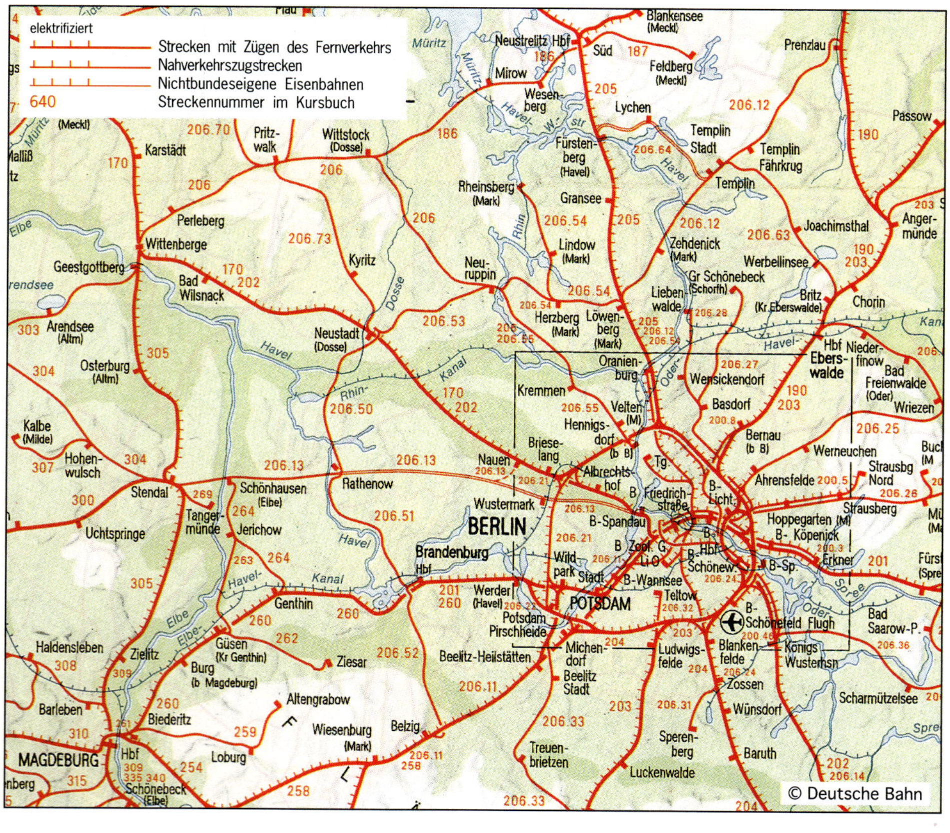

weiter auf Seite 112

Ausgewählte Hotels und Restaurants

Hotels

Erholsam und ruhig gelegen

Landhaus Haveltreff
Weinbergstr. 4, 14548 Caputh
Tel. 033209/780, Fax 73100
27 Zimmer, EZ 150 DM, DZ 160–180 DM
Seezugang, Restaurant, Café
Haus Chorin
Neue Klosterallee 10, 16230 Chorin
Tel. 033366/500, Fax 326
63 Zimmer, EZ 95–115 DM, DZ 132–169 DM
Sauna, Fitneßraum, 2 Bowlingbahnen, Fahrradverleih, Seezugang
Grüner Baum
Stremmestr. 14,39307 Genthin/Brettin
Tel. 03933/4823, Fax 803135
15 Zimmer, EZ 85–95 DM, DZ 125–145 DM
Hunde erlaubt, Fahrradverleih
Inselhotel Hermannswerder
Halbinsel Hermannswerder, 14478 Potsdam
Tel. 0331/23200, Fax 2320100
84 Zimmer, EZ 165–195 DM, DZ 195–220 DM, 4 Suiten, Lift, Parkplatz, Seezugang, Fitneßraum, Sauna, Solarium, Restaurant
Zieten-Hof
Berliner Str. 32, 14712 Rathenow
Tel. 03385/511223, Fax 511222
20 Zimmer, EZ ab 90 DM, DZ ab 130 DM
21 Parkplätze, Hunde erlaubt, Sauna, Bowlingbahnen, Fahrradverleih
Der Seehof
Seestr. 18, 16831 Rheinsberg
Tel. 033931/4030, Fax 40399
17 Zimmer, EZ 100–170, DZ 180–210
3 Appartements, Seezugang, Restaurant, Café
Ringhotel Am See
Beetzer Str. 1a, 16766 Sommerfeld
Tel. 033055/970, Fax 97445
100 Zimmer, EZ 100–170 DM, DZ 150–190 DM
100 Parkplätze, Sauna, Solarium, Fitneßraum, Hallenbad, Strandbad
Helenenhof
Dorfstr. 66, 14641 Tietzow
Tel. 033230/50317, Fax 50290
21 Zimmer, EZ ab 130 DM, DZ ab 180 DM
32 Parkplätze, Hunde erlaubt, Fahrradverleih

Wohnen auf hohem Niveau

Döllnsee-Schorfheide
Döllnkrug 2, 17268 Groß Dölln
Tel. 039882/630, Fax 63402
101 Zimmer, EZ ab 180 DM, DZ ab 235 DM
Restaurant, Lift, 120 Parkplätze, Sauna, Solarium, Fitneßraum, Reitmöglichkeit in der Nähe, Fahrradverleih, Hallenbad, Seezugang
art'otel Potsdam
Zeppelinstr. 136, 14471 Potsdam
Tel. 0331/98150, Fax 9815555
116 Zimmer, EZ 195–215, DZ 215–235, 7 Suiten
Designer-Hotel in altem Kornspeicher, Lift, Parkplatz, Fitneßraum, Sauna, Solarium, Restaurant
Dorint Hotel Sanssouci und Kongresszentrum
Jägerallee 20, 14469 Potsdam
Tel. 0331/2740, Fax 2741000
269 Zimmer, EZ 175–235 DM, DZ 210–315 DM
Restaurant, Lift, Stellplätze in Garage/bzw. Parkhaus, Hunde erlaubt, Hallenbad, Whirlpool, Sauna, Solarium, Fitneßraum, Beautyfarm, Fahrradverleih, 18-Loch-Golfplatz in der Nähe

Hier wird Sport groß geschrieben

Seehotel Gildenhall
Wuthenower Str. 10
16827 Neuruppin/Alt Ruppin
Tel. 03391/75242, Fax 75243
45 Zimmer, EZ 100–125 DM, DZ 140–220 DM
Hotel mit Parkanlage am Ruppiner See
Restaurant, Sauna, Beautyfarm, Strandbad, Seezugang, Bootsverleih
Consul Hotel Bollmannsruh am Beetzsee
Bollmannsruh 10, 14778 Päwesin/Bollmannsruh
Tel. 033838/4790, Fax 479100
79 Zimmer, EZ 130–250 DM, DZ 166–299 DM
Restaurant, Lift, 80 Parkplätze, Sauna, Solarium, Fitneßraum, Fahrradverleih, Seezugang, Bootsverleih, 18-Loch-Golfplatz in der Nähe, Reitmöglichkeit in der Nähe

Seminaris See-Hotel
An der Pirschheide, 14471 Potsdam/Pirschheide
Tel. 0331/9090-0, Fax 9090-900
215 Zimmer, EZ 135–205 DM, DZ 210–255 DM
Restaurant, Lift, Stellplätze in Garage/bzw. Parkhaus, Hallenbad, Whirlpool, Sauna, Solarium, Fitneßraum, 2 Kegelbahnen, Fahrradverleih, Strandbad, Seezugang, Bootsverleih, Reitmöglichkeit in der Nähe
Ambiente am Kurpark
Dr.-Wilhelm-Külz-Str. 5a, 19336 Bad Wilsnack
Tel. 038791/760, Fax 76400
45 Zimmer, EZ 120–135 DM, DZ 170–185 DM
Restaurant, Lift, Parkplätze, behindertengerecht, Hunde erlaubt, Hallenbad, Sauna, Solarium, Fitneßraum, Fahrradverleih

Preiswert und empfehlenswert

Luisenhof
Wendseeufer 8 a, 14774 Brandenburg/Plaue
Tel. 03381/403381, Fax 403381
7 Zimmer, EZ 85–130 DM, DZ 130–150 DM
Restaurant, Parkplätze, Hunde erlaubt, Wohnmobil-Übernachtung auf dem Hotelparkplatz gestattet
Am Walde
Brunnerstr. 6, 16225 Eberswalde-Finow
Tel. 03334/212300, Fax 236845
9 Zimmer, EZ 50–80 DM, DZ 80–120 DM
Öffnungszeiten der Rezeption 11–20 Uhr, Restaurant, 10 Parkplätze, Hunde erlaubt, Wohnmobil-Übernachtung auf dem Hotelparkplatz gestattet, Fahrradverleih
Landhaus Geliti
Wentorfstr. 2, 14542 Geltow
Tel. 03327/5970, Fax 597100
40 Zimmer, EZ 110–120 DM, DZ 150–160 DM
1 Suite, Parkplatz, Restaurant, Café
Kunert's Ferienhof Hammelspring
Etashof 4, 17268 Hammelspring
Tel. 03987/51805, Fax 50681
24 Zimmer, EZ 50–60 DM, DZ 80–90 DM
Restaurant, 25 Parkplätze, Wohnmobil-Übernachtung auf dem Hotelparkplatz gestattet, Sauna, Radverleih, Reitmöglichkeit in der Nähe
Am Schmokenberg
Schonberger Weg 6, 39539 Havelberg
Tel. 039387/89177, Fax 21444
28 Zimmer, EZ 75–90 DM, DZ 110–130 DM
Hotel Markgraf
Friedensstr. 13, 14797 Lehnin
Tel. 03382/7650, Fax 765430
40 Zimmer, EZ 85–115 DM, DZ 130–160 DM
3 Suiten, Restaurant mit guter Ausstattung, Biergarten, Terrasse
Zum weißen Rössel
Schloßstr. 1, 16827 Neuruppin/Alt Ruppin
Tel. 03391/78170, Fax 781722
28 Zimmer, EZ 75–95 DM, DZ 100–145 DM
Restaurant, Fahrradverleih
Fontane
Robert-Koch-Str. 23, 17268 Templin
Tel. 03987/7080-0, Fax 708070
25 Zimmer, EZ ab 79 DM, DZ ab 119 DM
Restaurant, 25 Parkplätze, Hunde erlaubt, Fahrradverleih

Restaurants

Speisen auf hohem Niveau

Hotel-Restaurant Jagdschloß Hubertusstock
16244 Finowfurt-Eichhorst
Tel. 033363/500, Fax 50255
90 Plätze, Hauptgericht um 25 DM
Speckers Gaststätte Zur Ratswaage
Am Neuen Markt 10, 14467 Potsdam
Tel. 0331/2804311, Fax 2804319
Barockbau von 1752, Hunde erlaubt
45 Plätze, Hauptgericht um 32 DM
geschlossen mo
Hotel-Restaurant Schloß Cecilienhof
Neuer Garten, 14469 Potsdam
Tel. 0331/37050, Fax 292498
Beachtenswerte historische Architektur mit entsprechendem Ambiente
Hauptgericht um 35 DM

Regionale und internationale Speisen

Hotel-Restaurant Landhaus Muth
Pritzwalker Str. 40, 16866 Kyritz
Tel. 033971/71512, Fax 71513
Parkplätze, Terrasse, Hunde erlaubt
auch vegetarische Küche
35 Plätze, Hauptgericht um 21 DM
geschlossen so abends
Hotel-Restaurant Krone
Straße des Friedens 11, 16835 Lindow
Tel. 033933/6110, Fax 61121
Parkplätze, Hunde erlaubt
auch vegetarische Küche
35 Plätze, Hauptgericht um 25 DM
Restaurant Die Enklave
Landhotel Märkische Höfe
Dorfstr. 11, 16818 Netzeband
Tel. 033924/8980, Fax 89860
Parkplätze, Terrasse, Biergarten, Hunde erlaubt
60 Plätze, Hauptgericht um 20 DM
Hotel-Restaurant Altes Kasino
Seeufer 11, 16816 Neuruppin
Tel. 03391/3059, Fax 358584
Parkplätze, Terrasse, Hunde erlaubt
auch vegetarische Küche
65 Plätze, Hauptgericht um 18 DM
Hotel-Restaurant Griebnitzsee
Rudolph Breitscheid-Str. 190,
14482 Potsdam-Babelsberg
Tel. 0331/70910, Fax 709111
Hauptgericht 30 DM
Hotel-Restaurant Deutsches Haus
Seestr. 13, 16831 Rheinsberg
Tel. 033931/39059, Fax 39063
Parkplätze, Terrasse, Hunde erlaubt
56 Plätze, Hauptgericht um 27 DM
Hans-Clauert-Stube
Im Akzent-Parkhotel Trebbin
Parkstr. 5, 14959 Trebbin
Tel. 033731/710, Fax 71111
Parkplätze, Terrasse, Hunde erlaubt
35 Plätze, Hauptgericht um 28 DM

Preiswerte Küche

Hotel-Restaurant Haus am See
Neue Scheune 19, 14548 Caputh/Ferch
Tel. 033209/70955, Fax 70496
Parkplätze, Gartenlokal
auch französische Küche, Vollwertküche
120 Plätze, Hauptgericht um 35 DM
geschlossen mo
Hotel-Restaurant Boltenmühle
16818 Neuruppin/Gühlen-Glienicke
Tel. 033929/70500, Fax 70103
Hauptgericht um 22 DM
Restaurant Versunkene Glocke
An den Pfühlen, 16348 Wandlitz
Tel. 033397/21870, Fax 21870
Parkplatz, Terrasse, Hunde erlaubt
35 Plätze, Hauptgericht um 33 DM
geschlossen mo
Restaurant Ziegelhof Zehdenick
Am Kirchplatz 12, 16792 Zehdenick
Tel. 03307/310883, Fax 310883
Parkplätze, Gartenlokal, Hunde erlaubt
auch vegetarische Küche
25 Plätze, Hauptgericht um 20 DM
geöffnet werktags ab nachmittags, sa/so/fei ab mittags, geschlossen do

Café

Kloster Café
Marktplatz 6, 14797 Lehnin
Tel. 03382/333
geöffnet ab 7, so ab 14 Uhr

Stand: April 1999

Von Varta-Experten geprüft; weitere Adressen im Varta-Führer (im Buchhandel erhältlich)

Touristik-Informationen

Reiten

In allen Regionen des Havelgebiets gibt es Angebote für Reiturlaub von Dressur- und Springausbildung über Wander-, Distanz- und Orientierungsritte, Freizeit- und Ponyreiten, auch für Kutsch- und Planwagenfahrten. Infos gibt der Verein zur Förderung von Urlaub und Freizeit auf dem Lande – Landurlaub in Brandenburg, Am Raubfang 6, 14469 Potsdam, Tel. 0331/500037.

Schiffsfahrten

In allen größeren Orten, die am Wasser liegen, werden regelmäßig längere und kürzere Ausflugsfahrten auf der Havel und den Havelseen angeboten. In Potsdam starten die Weiße Flotte und die Brandenburg-Preußische Schiffahrtsgesellschaft von ihren Anlegestellen an der Langen Brücke, in der Neustädter Havelbucht, nahe der Moschee, und an der Glienicker Brücke zu Touren ins Umland. Beliebt ist die Fahrt zum Wannsee, vorbei an Schloß Babelsberg. Von der Glienicker Brücke Fähre nach Sacrow (Heilandskirche).

Souvenirs

Zahlreiche Töpfereien (Rheinsberg) oder die HB-Werkstätten für Keramik in Marwitz bieten praktische Mitbringsel an. Aber auch an geräucherten Aalen und Maränen, Honig, Obstwein (Werder), Sanddorn- oder Birnengelee aus Ribbeck mangelt es nicht.

Tourismusroute

›Route der verzauberten Mark‹ heißt ein Projekt des Landkreises Ostprignitz-Ruppin, das in Neuruppin beginnt und zu 15 Stationen von Sagen und Legenden führt.

Veranstaltungen

Dorf-, Schützen-, Erntefeste sind häufig und unspektakulär. Von überregionalem Interesse sind:
April–Mai: Blütenfest in Werder.
Juni: Musikfestspiele Potsdam-Sanssouci, Choriner Musiksommer (bis Aug.), Kammeroper Schloß Rheinsberg (bis Aug.)
Juli: Neuruppiner Kultursommer, Theatersommer in Netzeband (bis Aug.).
Sept: Havelberger Pferdemarkt, Hengstparaden in Neustadt/Dosse.
Okt.: Rheinsberger Töpfermarkt.

Wassersport

Baden kann man in Freibädern, Strandbädern (beide kostenpflichtig) und Naturbadestellen, letztere überwiegend an Havelufer und Seen. Weiter kann man Wasserski- und Bootfahren – fast überall am Wasser gibt es einen Bootsverleih – sowie

Das Havelland ist Pferdeland. In all seinen Regionen gibt es vielfältige Angebote, den Urlaub auf dem Pferderücken zu verbringen.

Segeln. Winterfreunde können auf zugefrorenen Seen Schlittschuhlaufen und Eishockey spielen.

Wasserstraßen

Rheinsberger Gewässer: Die Rheinsberger und Zechliner Gewässer beginnen am Kleinen Pälitzsee und sind seit dem Bau der Schleuse Wolfsbruch 1880 schiffbar. Bis Rheinsberg 13 km. Über Tietzow- und Zootzensee und Repenter Kanal (teilweise nur ein Meter Wassertiefe) zum Großen Zechliner See. Enge Passage zum Schwarzen See bei Flecken Zechlin (Sackgasse, kaum Anlegemöglichkeiten). In Rheinsberg Ankerplatz in Schloßnähe.
Obere-Havel-Wasserstraße: Querverbindung zur Ostsee und nach Polen ist die Oder-Havel-Wasserstraße, viel Betrieb, Frachtschiffe und Sportboote; ein Stück parallel läuft der Finowkanal für Sportboote. Von Oranienburg durch den Lehnitzsee (betonntes Fahrwasser), Abzweig in den Malzer Kanal bei Kanalkilometer 40,5 in die Obere-Havel-Wasserstraße, Schleusen Liebenwalde, Bischofswerder, Zehdenick (moderne Marina mit über 70 Liegeplätzen), über Kalkseen nach Burgwall. Bei Kilometer 32, vor der Schleuse Schorfheide, macht die Havel eine Linkskurve, nach Nordosten zweigen die Templiner Gewässer ab, nur bis Templin befahrbar. Schöne Strecke ab Burgwall, Schleusen Zaaren, Regow und Bredereiche zum Stolpsee. In Fürstenberg beginnt die Mecklenburgische Kleinseenplatte.
Ruppiner Gewässer: Zu den Ruppiner Gewässern führt der Oranienburger Kanal. Hinter der Pinnower Schleuse bei Sachsenhausen Abzweig in den Ruppiner Kanal. Nach 15 km und zwei Schleusen beginnt der Kremmener Rhin mit mäandernder Streckenführung. Hinter dem Bützsee (betonnte Fahrrinne) die 200 Jahre alte Doppelschleuse Altfriesack vor dem Ruppiner See, 14 km lang mit einer Brücke bei Neuruppin. Nach der Schleuse Alt Ruppin windet sich der Rhin durch Seen und Flußabschnitte landschaftlich sehr schön zum Gudelacksee (gute Anlegemöglichkeit in Lindow). Mit dem Bau des Ruppiner Kanals wurden die abgelegenen Seen schon 1788 an die Oder-Havel-Wasserstraße angeschlossen. Heute werden sie fast nur von Fahrgastschiffen und Sportbooten befahren.
Von Brandenburg nach Potsdam: Brandenburg liegt mit drei Inseln in der Havel, die sich außerhalb der Stadt zu Beetzsee, Breitlingsee und Plauer See erweitert. An der Vorstadtschleuse beginnt die kanalisierte Havel, über Emster Kanal, Rietzer See, Netzener See und Klostersee kommt man nach Lehnin (nur 90 cm Wassertiefe); hinter Klein Kreutz erstreckt sich ein Labyrinth von Nebenarmen, die begradigte Havel führt zur Ketziner Havel, wieder mit Nebenarmen, und bei Paretz beginnt die Potsdamer Havel. Nördlich führt der Havelkanal in die Obere Havel und den Oder-Havel-Kanal und auf direktem Weg zur Mecklenburger Seenplatte. Der Sacrow-Paretzer-Kanal, im Jahr 1876 gebaut und nicht besonders reizvoll, endet vor dem Jungfernsee am Neuen Garten von Potsdam. Der schönste Weg führt über den Potsdamer Kanal mit Kleinem und Großem Zernsee, über Werder, Schwielowsee und Templiner See.
Untere-Havel-Wasserstraße: Von Spandau bis zur Mündung des Havelberger Schleusenkanals in die Elbe führt der 148,5 km lange Wasserweg. Er gehört zu den besonders schönen Wassersportrevieren mit Fluß- und Seenlandschaften. Oberhalb von Pritzerbe wird die Havel zunehmend breiter, und die Seen werden größer.

Wetterdaten

Potsdam	Tages-temp. max.	Nacht-temp. min.	Tage mit Nieder-schlag	Sonnen-stunden pro Tag
Januar	2°	–3°	11	2
Februar	4°	–3°	8	3
März	8°	0°	9	4
April	14°	3°	9	6
Mai	19°	8°	10	7
Juni	22°	12°	10	8
Juli	24°	13°	9	8
August	23°	13°	9	7
September	19°	10°	8	5
Oktober	14°	6°	7	4
November	7°	2°	10	2
Dezember	3°	–2°	12	1

Quelle: Deutscher Wetterdienst, Hamburg

Register

(**Fettgedruckte Ziffern** verweisen auf Autoatlas und Stadtplan, unterstrichene Ziffern auf Abbildungen)

Zeichenerklärung Karten

Autoatlas

- Autobahn mit Anschlußstelle (Ferch)
- Autobahn in Bau - geplant
- Tankstelle, - mit Kleinraststätte - Parkplatz - Rasthaus, - mit Motel ("Michendf.")
- Vier- o. mehrspurige Str.- in Bau- geplant
- Bundesstraße - Wichtige Hauptstraße
- Hauptstraße - Nebenstraße
- Sonstige Straßen, nur bedingt befahrbar
- Fahrweg - Fußweg
- Autobahn-, Bundesstr.-, Europastraßennr. (10, 1, E 30)
- Bedarfsumleitung für den Autobahnverkehr (24)
- Entfernungen an Autobahnen in km (37)
- Entfernungen an übrigen Straßen (22, 11)
- Eisenbahn mit Bahnhof und Haltepunkt
- Eisenbahn (nur Güterverkehr)- Industrieb.
- Flughafen - Flugplatz - Segelflugplatz
- Besonders sehenswerter Ort (POTSDAM)
- Besonders sehenswertes Bauwerk (Sanssouci)
- Sehenswerter Ort (BERNAU)
- Sonstige Sehenswürdigkeit (Schl. Ribbeck, Stiftskirche)
- Wo-gibt-es-was ? - Hinweis
- Landschaftl. schöne Strecke-Touristenstr. (Deutsche Alleenstr.)
- Naturpark- Naturschutzgeb.- Aussichtspkt. (NSG)
- Wildgehege- Zoolog. Garten- Botan. Garten
- Burg, Schloß - Kloster - Ruinen
- Sehenswerte Kirche - Kirche - Kapelle
- Forsthaus - Markanter Nadel-, Laubbaum
- Denkmal - Höhle - Wassermühle
- Aussichtsturm-Wassert.-Funk-o.Fernseht.
- Fort - Stadion - Sportplatz
- Bergwerk- außer Betr.- Erdölförderpumpe
- Alleinstehendes Hotel oder Gasthaus - Berg- oder Schutzhütte - Motel
- Campingplatz ganzjährig, - nur im Sommer
- Schwimmbad - Heilbad

Stadtplan

- Autobahn mit Nummer (1)
- Nummer der Autobahnanschlußstelle (10)
- Schnellstraße/ Bundesstraße (8)
- Durchgangsstraße
- Übrige Straßen/ Weg
- Fußgängerzone/ Einbahnstraße
- Eisenbahn mit Bahnhof
- S-Bahn mit Nummer und Station (S3)
- Straßenbahn mit Endhaltestelle (7)
- Wald/ Park, Friedhof
- Öffentliches Gebäude
- Tourist-Information/ Denkmal
- Kirche/ Krankenhaus
- Feuerwehr/ Polizei/ Schule (F, P, S)
- Campingplatz/ Jugendherberge
- Post/ Park+Ride/ Parkleitsystem (P+R)
- Wo-gibt-es-was ? - Hinweis (3)

Impressum

1. Auflage 1999

Verlag: HB Verlags- und Vertriebs-Gesellschaft mbH, Alsterufer 4, 20354 Hamburg, Postfach 300660, 20347 Hamburg, Telefon 040/4151-04, Telefax 040/4151-1852. Geschäftsführer: Kurt Bortz, Dr. Joachim Dreyer, Dr. Brigitte Nimnate

Redaktion und Produktion: Harksheider Verlagsgesellschaft mbH, Fabersweg 1, 22848 Norderstedt, Telefon 040/528862-0, Telefax 040/5234056, e-mail: hvgmbh@aol.com
Redaktion: Ulrike Klugmann (verantwortlich), Dr. Johannes Bohmann, Helga Schnehagen, Christoph Schumann **Redakteurin dieser Ausgabe**: Helga Schnehagen
Text und Bildrecherche: Gisela Buddée, Berlin **Exklusiv-Fotografie:** Jörg Axel Fischer, Hannover **Layout:** Rolf Bünermann, Gütersloh
Kartografie: © Atlasco Verlagsgesellschaft mbH (S. 28, 38, 48), © Falk Verlag GmbH (S. 3, 62, 72, 84, 96, 108)
HB-Bildatlas Fotoservice: Harksheider Verlagsgesellschaft mbH, Fabersweg 1, 22848 Norderstedt, Telefon 040/528862-22, Telefax 040/5234056

Anzeigenalleinverkauf: KV Kommunalverlag GmbH, Postfach 810565, 81905 München, Telefon 089/928096-24, Telefax 089/928096-20
Vertrieb Zeitschriftenhandel: Partner Pressevertrieb GmbH, Postfach 810420, 70521 Stuttgart, Telefon 0711/7252-227, Telefax 0711/7252-310
Vertrieb Abonnement und Einzelhefte: Zenit Pressevertrieb GmbH, Postfach 810640, 70523 Stuttgart, Telefon 0711/7252-198, Telefax 0711/7252-333
Vertrieb Buchhandel: Mairs Geographischer Verlag, Marco-Polo-Zentrum, 73760 Ostfildern, Telefon 0711/4502-0, Telefax 0711/4502-340
Reproduktionen: Otterbach Repro GmbH & Co., Rastatt **Druck und buchbinderische Verarbeitung:** Echter, Würzburg. Printed in Germany

ISBN 3-616-06294-2

Italienische Adria
Emilia Romagna

Foto: Boote im Museumshafen von Cesenatico

130 Kilometer Strand – und Kunststädte von europäischem Rang

Der bekannteste Abschnitt der italienischen Adriaküste – fast auf ganzer Länge, von Triest bis zum ›Stiefelabsatz‹ des Landes, für den Badetourismus erschlossen – ist die 130 Kilometer lange Küste der Emilia Romagna rund um Rimini. Vor rund 150 Jahren hat alles hier begonnen: Wo sich heute alljährlich über drei Millionen Sommergäste tummeln – nicht zuletzt auch, um sich in Italiens heißestes Nachtleben zu stürzen –, dort standen 1843 die ersten Badekabinen am Mittelmeer.

So kommt es, daß fast jeder Rimini kennt, die Emilia Romagna aber, die Region, zu der es gehört, nur wenige. Dabei zählen Ravenna, Ferrara und all die anderen Städte längs der antiken Via Aemilia, von Bologna und Modena bis nach Parma und Piacenza, zu den schönsten Kunststädten Italiens. Hier schufen Päpste – die Romagna gehörte lange zum Kirchenstaat – und Adelsfamilien wie die Este, Borgia, Farnese Paläste und Kirchen, in denen man heute die Werke eines Michelangelo oder Leonardo bewundert. Ravenna, die Stadt Theoderichs, fasziniert mit einzigartigen Mosaiken, und Bologna, Sitz der ältesten Universität des Kontinents, präsentiert sich stolz als ›Europäische Kulturhauptstadt 2000‹.

Dem Reichtum dieser zu Füßen des Apennin gelegenen Stadtlandschaften, inklusive ihrer exquisiten Küche – nur Bologneser Pasta und Parmaschinken seien erwähnt – gilt das Hauptaugenmerk des neuen HB-Bildatlas Nr. 195. Warum nicht einmal ihre Erkundung wagen? Von den Badeorten der Küste sind sie alle nicht weit entfernt.